Über dieses Buch

Ein Kind bekommt im Supermarkt einen Wutausbruch, weil seine Mutter ihm keine Süßigkeiten kaufen will. Soll die Mutter ihrem Kind nachgeben oder soll sie hart bleiben?
Mit dieser oder ähnlichen Fragen sehen sich Eltern und Erzieher täglich konfrontiert – und oft bleibt ungeklärt, ob die angewandte Erziehungsmaßnahme die richtige war.
Genau an diesem Punkt setzen die Autoren dieses Buches mit ihren methodischen Ratschlägen ein. Sie gehen dabei von der bestechend einfachen Überlegung aus, daß ein Kind Verhaltensweisen beibehält, auf die seine Umwelt positiv reagiert hat. Aus diesem Grund können Eltern ihren Einfluß gezielt einsetzen, um ihrem Kind beim Erlernen von Verhaltensweisen zu helfen, die sowohl dem Kind als auch dessen Umwelt zum Wohle gereichen. Wie Eltern und Erzieher hierbei im einzelnen vorgehen müssen, zeigen die Autoren an ganz konkreten Beispielen, die für das kindliche Verhalten typisch sind. »Was tun Sie, wenn . . .«, diese Frage zieht sich wie ein roter Faden durch dieses praktische Ratgeberbuch – und Sie können sicher sein, daß Sie am Ende des Buches auf die Grundfragen jeder Erziehung die richtigen Antworten wissen.

September 1977
Deutsche Erstausgabe
Droemersche Verlagsanstalt Th. Knaur Nachf.
München/Zürich
Die Originalausgabe »Children and Parents«
erschien bei Penguin Books Ltd., London, 1975

Aus dem Englischen von Heidewig Fankhänel
Umschlaggestaltung Atelier Blaumeiser
Umschlagfoto Eric Bach, Bildagentur Mauritius
Satz Appl, Wemding
Druck und Bindung Ebner, Ulm
Printed in Germany
ISBN 3-426-00484-4

Hermann A. Peine/Roy Howarth:

Die Schule der Eltern

Erziehungsprobleme und ihre Lösung

Mit 24 Zeichnungen und Grafiken

Droemer Knaur

Inhalt

Wir danken Dr. Howard Sloane jun., Professor für pädagogische Psychologie, Universität Utah, und Dr. Gayle Gregersen, Direktor des Instituts für Verhaltenstherapie des Kindes, Salt Lake City, für eine Reihe von Anregungen. Sie halfen dabei, die Lerntheorien so umzusetzen, daß sie für Eltern und Lehrer in der Praxis anwendbar werden.

1. Worum es hier geht

Dieses Buch richtet sich an Eltern, Lehrer und andere Erwachsene, die mit Kindern zu tun haben. Es beschäftigt sich *nicht* mit Theorien über die Entwicklung des Kindes, sondern mit Lernvorgängen, und zwar vor allem mit der Frage, wie Kinder ihre jeweiligen Verhaltensweisen erlernen und wie Eltern, Lehrer und andere Bezugspersonen diese Lernprozesse beeinflussen. Schließlich lernen Kinder von ihrer Umwelt nicht nur Kenntnisse und Fertigkeiten, sondern auch Verhaltensweisen. Dies geschieht keineswegs nur durch Nachahmung; die Reaktionen der Erwachsenen auf die Verhaltensweisen des Kindes haben nämlich ganz erhebliche Auswirkungen auf dessen weiteres Verhalten. Dieses Buch versucht, Mittel und Wege aufzuzeigen, wie Eltern und Erzieher ihren Einfluß gezielt einsetzen können, um dem Kind beim Erlernen von Verhaltensweisen zu helfen, die sowohl für das Kind selbst als auch für dessen Umwelt erfreulich oder zumindest akzeptabel sind.

Die zahlreichen, in diesem Buch enthaltenen Vorschläge und Hinweise gehen von folgender Überlegung aus: Wenn die Umwelt auf ein vom Kind gezeigtes Verhalten positiv reagiert, so steigt die Wahrscheinlichkeit, daß das Kind sich später wieder so verhalten wird, um von seiner Umwelt Anerkennung, Zuwendung oder sonst eine für das Kind angenehme Reaktion zu erhalten. Anders ausgedrückt: Die Folgen, die es hat, wenn ein Kind etwas tut, entscheiden weitgehend darüber, ob und in welchem Ausmaß das Kind dieses Verhalten in Zukunft wieder zeigen wird.

Beispiele für diesen Vorgang können wir alle in der eigenen Familie finden. Wenn Ihr Kind sich etwa mit Zeichnen, Malen, Modellbau oder einem Spielzeug beschäftigt und Sie gelegentlich nach ihm sehen, neigt das Kind viel eher dazu, Ausdauer bei seinem Spiel zu entwickeln und sich auch bei späteren Gelegenheiten wieder entsprechend zu beschäftigen. Ihr Interesse und Ihre Anerkennung ermuntern das Kind zu solchen Verhaltensweisen. In anderen Situationen können Ihre Reaktionen allerdings auch eine durchaus unerwünschte Wirkung haben. Sie mögen sich beispielsweise genötigt sehen, Ihrem vierjährigen Sprößling nachzugeben, wenn er im Supermarkt unbedingt Süßigkeiten haben will und seiner Forderung durch Schreien und Strampeln in aller Öffentlichkeit Nachdruck verleiht. Durch den Kauf der Süßigkeiten, der auf das zornige Gebrüll des Kindes folgt, lernt der Kleine, sich künftig wieder so zu verhalten, wenn er etwas haben will und Sie seinem Wunsch nicht sofort nachgeben. Das unerwünschte Verhalten Ihres Kindes wurde ja schließlich mit Süßigkeiten belohnt. Wenn Eltern und Erzieher die in diesem Buch gemachten Vorschläge nutzen wollen, müssen sie daher nicht nur das Verhalten des Kindes, sondern auch die eigenen Reaktionen darauf genau beobachten, damit sie deren Einfluß auf die kindlichen Verhaltensweisen erkennen und verstehen lernen.

Die Einschätzung der Verhaltensweisen, die Sie Ihrem Kind beibringen oder in ihm fördern wollen, die Maßstäbe für »gutes« oder »schlechtes« Benehmen und die Entscheidung darüber, was Ihrem Kinde »nützt« oder »schadet«, liegen natürlich ganz bei Ihnen. Manche Eltern sind dabei sehr großzügig, andere strenger. Die meisten Eltern erlauben ihrem Kind zum Beispiel, seinem Ärger, seiner Enttäuschung oder seiner Wut irgendwie Ausdruck zu geben, doch die Toleranzschwelle kindlichen Zornesäußerungen gegenüber ist jeweils sehr unterschiedlich. Manche Eltern akzeptieren so ziemlich alles bis hin zum Aufstampfen oder Umsichschlagen; für andere liegt die Toleranzgrenze bei verbalen Wutäußerungen oder beim Gebrauch von Schimpfwörtern. Manche Eltern setzen genaue Zeiten dafür fest, wann ihr Kind ins Bett zu gehen hat, andere überlassen das dem Kind selbst. Viele Eltern versuchen, ihrem Kind alle Entscheidungen und erzieherischen Maßnahmen genau zu erklären und das Kind zur Diskussion darüber zu ermuntern, während manche vom Kind erwarten, daß es widerspruchslos hinnimmt, was die Erwachsenen sagen oder tun. So unterschiedlich die Maßstäbe auch sein mögen – die betreffenden sozialen Lernvorgänge unterliegen alle den gleichen Grundprinzipien. Die wichtigste Voraussetzung ist allerdings, daß zwischen Eltern und Kind ein vertrauensvolles, herzliches Verhältnis herrscht.

In diesem Buch wird keinerlei Versuch unternommen, Störungen der Persönlichkeitsentwicklung oder der Eltern-Kind-Beziehung zu behandeln, wie sie in Familien auftreten, in denen es während der frühen Entwicklungsstadien des Kindes zu ern-

steren Problemen gekommen ist. Die in den folgenden Kapiteln empfohlenen Methoden lassen sich auch in den Fällen nicht erfolgreich anwenden, in denen die Gefühlsbeziehungen der Eltern zu ihren Kindern gestört sind, weil die Erwachsenen durch ungünstige Entwicklungsbedingungen in ihrer eigenen Kindheit seelische Schäden davongetragen haben. Wenn Sie befürchten, daß Sie mit der Erziehung Ihrer Kinder ernste Probleme haben, oder wenn Ihre Gefühlsbeziehung zu den Kindern oder zu anderen Familienangehörigen gestört ist, sollten Sie die Hilfe eines auf diesem Gebiet erfahrenen Arztes, Psychologen oder Erziehungsberaters in Anspruch nehmen.
Bei den meisten Eltern handelt es sich jedoch hauptsächlich um die Frage, wie sie am besten mit den kleinen Alltagsproblemen fertig werden, die es in dieser oder jener Form praktisch in jeder Familie gibt. Oft hat man dann das Bedürfnis, sich mit Literatur über Entwicklungspsychologie zu beschäftigen, um über die eigenen pädagogischen Vorstellungen Klarheit zu gewinnen. Häufig muß man sich aber angesichts eines konkreten, praktischen Problems im Verhalten des Kindes sofort etwas einfallen lassen. Solche Situationen kennen wir alle aus eigener Erfahrung. Ihr jüngstes Kind, das den ganzen Tag bei Ihnen zu Hause ist, fordert zum Beispiel mehr Zuwendung und reagiert mit Wutanfällen, wenn seine älteren Geschwister aus der Schule kommen und von Ihnen umsorgt werden. Oder eines der größeren Kinder fängt plötzlich an, sich bei Tisch »aufzuspielen«, mit Essensbrocken nach den anderen zu werfen und provozierend mit dem Inhalt seines Tellers zu spielen. Die anderen Kinder finden das wahnsinnig komisch und machen es prompt nach. Solche und ähnliche Alltagsbegebenheiten werden zwar meist nicht zum Gegenstand einer Erziehungsberatung gemacht, verursachen aber doch oft ganz erhebliche Spannungen und Ärger in der Familie. Dann versucht man es mal mit dieser und mal mit jener Methode, bekommt von der Oma einen Rat und von den lieben Nachbarn einen ganz anderen – und macht aus dem anfangs kleinen Ärgernis im Lauf der Zeit ein Riesenproblem. Und das nur, weil man dem unerwünschten Verhalten des Kindes viel zuviel Aufmerksamkeit geschenkt hat. Räumt man den kindlichen Unarten aber erst einmal diese Sonderstellung ein, dann muß man bald feststellen, daß sie mit größter Hartnäckigkeit immer wie-

der auftreten. In dieser verfahrenen Situation fangen viele Eltern an zu glauben, sie könnten überhaupt nichts mehr richtig machen und kämen ständig mit irgendwelchen Erziehungstheorien in Konflikt, bis sie schließlich entweder an den eigenen pädagogischen Fähigkeiten oder an der Erziehbarkeit des Kindes überhaupt verzweifeln. In konkreten Alltagssituationen wie den eben erwähnten wollen Eltern schlicht und einfach wissen, was sie tun sollen. Dieses Buch bietet dafür einen allgemeinen Leitfaden, damit die Eltern immer öfter selbst eine Antwort auf diese Frage finden können.
Auf den ersten Blick mag der in diesem Buch vertretene pädagogische Ansatz manchen Eltern als selbstverständlich und lediglich als »gesunder Menschenverstand« erscheinen. Genau das ist er auch. Die meisten Menschen, die in der Erziehung ihrer Kinder eine glückliche Hand haben, wissen gar nicht, was ihren pädagogischen Erfolg eigentlich ausmacht. Wir wollen daher einfach die wichtigsten Gesichtspunkte einer gelungenen Kindererziehung herausgreifen und hier darstellen. Darüber hinaus geben wir Eltern, die in ihren erzieherischen Maßnahmen noch etwas unsicher sind, methodische Ratschläge zur systematischen Umsetzung pädagogischer Prinzipien in die Praxis.

Über den Aufbau der einzelnen Kapitel

Im folgenden Kapitel werden wir etwas näher darauf eingehen, wie Kinder bestimmte Verhaltensweisen lernen und wie man diesen Lernprozeß beeinflussen kann. Zunächst aber ein paar Worte zum Aufbau der einzelnen Kapitel dieses Buches:

Jedes Kapitel besteht aus vier Teilen:

1. Ein Quiz: »Was tun Sie, wenn . . .?«
2. Hauptteil
3. Besprechung des Quiz »Was tun Sie, wenn . . .?«
4. Kontroll-Quiz zur Gedächtnisstütze

1. Das Quiz »Was tun Sie, wenn ...?« gibt Ihnen Gelegenheit, Ihre augenblicklichen Vorstellungen und Methoden im Hinblick auf schwierige Situationen zu testen. Auf die Frage »Was würden Sie in dieser Situation sagen oder tun?« stehen Ihnen mehrere Antworten zur Auswahl zur Verfügung. Denken und fühlen Sie sich bitte in die beschriebene Lage hinein und versuchen Sie, in Ihrer Antwort ganz ehrlich das wiederzugeben, was Sie im Normalfall tun würden.

2. Der Hauptteil des Kapitels enthält Informationen und Beispiele, um die darin angeführten pädagogischen Vorstellungen zu verdeutlichen.

3. Darauf folgt eine kurze Besprechung des Abschnitts »Was tun Sie, wenn ...?«, dessen Fragen im Hinblick auf die in dem Kapitel gegebene Grundinformation behandelt werden.

4. Zum Schluß können Sie in einem Kontroll-Quiz zur Gedächtnisstütze testen, was Sie anhand des vorausgegangenen Kapitels gelernt haben, bevor das nächste folgt.

Beachten Sie bitte: Die »Antworten«, die jeweils am Ende einer Quiz-Seite stehen, sind lediglich Lösungsvorschläge. Sie treffen nach unseren Erfahrungen auf die meisten Kinder zu, aber Kinder sind eben oft sehr verschieden. Es kann also durchaus sein, daß Ihre Antworten sehr viel besser auf Ihre Familie bezogen sind als unsere.

2. Lernvorgänge

Was tun Sie, wenn ...?

Wie würden Sie in folgenden Situationen reagieren? Die nach den vier Quiz-Fragen aufgeführte Auswahl von Antworten gilt für alle vier Situationen.

1. Ihr vierjähriger Sohn schreit jedesmal, wenn Sie abends sein Zimmer verlassen, obwohl Sie ihm immer eine Gute-Nacht-Geschichte vorgelesen haben. Er will, daß Sie bei ihm bleiben und sich weiter mit ihm unterhalten, während Sie nach dem Geschichtenerzählen Ihre Ruhe haben möchten, ohne jeden Abend ein endloses Theater erleben zu müssen.
   Wie verhalten Sie sich – nach A, B, C oder D?

2. Ihr zweijähriges Kind spielt – was relativ selten vorkommt – brav für sich allein, während Sie Ihren Hausarbeiten nachgehen. Dieses Verhalten des Kindes möchten Sie fördern.
   Was machen Sie – A, B, C oder D?

3. Sie haben gerade in der Küche alle Hände voll zu tun. Da kommt Ihr Kind nach Hause und bringt ein Bild an, das es in der Schule gemalt hat. Sie freuen sich über das Bild, stekken aber mitten in der Arbeit.
   Wie reagieren Sie – A, B, C oder D?

4. Ihr Kind kommt immer höchst geräuschvoll ins Wohnzimmer gestürmt, wenn Sie gerade Besuch haben, und stellt alles mögliche an, damit die Erwachsenen es beachten, obwohl genügend andere Kinder da sind, mit denen es spielen könnte.
   Was machen Sie – A, B, C oder D?

Antwortmöglichkeiten:

A Ich gebe dem Kind etwas, das es gerne hat, zum Beispiel Obst, ein Lob, eine Umarmung oder einen Kuß, Gelegenheit zum Spielen und anderes mehr.

B Ich schenke ihm gar keine Beachtung.

C Ich schimpfe oder drohe mit Bestrafung.

D Ich rede in Ruhe mit dem Kind und erkläre ihm, weshalb es das nicht tun soll.

Manche Dinge können Kinder auf Anhieb, sobald sie auf der Welt sind – zum Beispiel schreien, wenn sie Hunger oder Unlust verspüren. Die meisten Verhaltensweisen, die Kinder zeigen, müssen allerdings gelernt werden.
Der Mensch tut am liebsten Dinge, die ihm Befriedigung seiner Bedürfnisse verschaffen, sein Interesse fesseln, angenehme Folgen haben oder von Unangenehmem befreien. Die unmittelbaren Konsequenzen, die eine Handlung des Kindes auslöst, entscheiden folglich darüber, ob die betreffende Verhaltensweise in Zukunft häufiger oder seltener auftritt. Sind die Folgen seines Handelns für das Kind angenehm, so wächst die Wahrscheinlichkeit, daß die betreffende Verhaltensweise vom Kind wiederholt wird, und wir sagen dann, das Kind habe ein bestimmtes Verhalten *gelernt.* Viele unserer ganz alltäglichen Hantierungen wurden bei früheren Gelegenheiten von den Folgen unseres Verhaltens geprägt. Wenn man zum Beispiel eine Tür öffnet, drückt man die Klinke herunter und drückt oder zieht die Tür auf; die Folge dieses erlernten Bewegungsablaufes ist, daß die Tür aufgeht. Als Kinder haben wir vielleicht nur gegen die Tür gedrückt oder mit den Fäusten und Füßen darangeschlagen – und nichts passierte. Nach und nach haben

Antworten: 1: B; 2: A; 3: A; 4: B + D

wir dann gelernt, auf die Klinke zu drücken und die Tür aufzuziehen oder aufzustoßen. Der richtige Handlungsablauf hatte zur Folge, daß die Tür aufging – und da wir genau das hatten erreichen wollen, wandten wir die gleiche »Methode« wieder an, wenn wir eine Tür öffnen wollten. Bald brauchten wir dabei gar nicht mehr zu überlegen oder gar mit den Füßen zu stoßen, sondern wiederholten einfach mit wachsender Selbstverständlichkeit den erfolgreichen Bewegungsablauf des Türöffnens. Wenn sich die gewünschte Wirkung durch eine zielgerichtete Handlungsweise wiederholen läßt, ist dieser Vorgang meist mit einem Erfolgserlebnis verbunden, das Befriedigung verschafft.

Einen großen Teil unserer Kenntnisse und Fertigkeiten lernen wir dadurch, daß wir das Beispiel anderer nachahmen. Kleinkinder lernen ganz besonders viel von dem Verhalten, das ihre wichtigsten Bezugspersonen ihnen vormachen. Eine positive Beziehung zwischen den Erwachsenen und dem Kind erleichtert das »Nachahmungslernen« entsprechend. Allerdings hängt der Lernprozeß selbst beim besten Verhältnis zwischen Eltern und Kind weitgehend davon ab, wie die Erwachsenen auf das Verhalten des Kindes reagieren. Wenn die Reaktionen der Eltern den kindlichen Lernvorgängen nicht entsprechen, dann lernt das Kind möglicherweise Dinge, die den Erwachsenen alles andere als lieb sind.

Denken Sie sich doch bitte einmal in folgende Situation hinein: Die vierjährige Monika hat sich bisher immer ohne großes »Theater« ins Bett bringen lassen. Ihre Mutter gab ihr einfach einen Gute-Nacht-Kuß, drehte das Licht aus und verließ das Kinderzimmer; es gab keinerlei Probleme dabei. Eines Abends wachte Monika jedoch wegen eines Angsttraumes auf und fing an zu schreien. Ihre Mutter nahm sie daraufhin mit hinunter ins Wohnzimmer, wo die übrige Familie beim Fernsehen saß. Am nächsten Abend rief die Kleine schon vor dem Einschlafen nach ihrer Mutter und durfte wieder zu den anderen ins Wohnzimmer. Bald fiel es allen auf, daß Monika abends und nachts sehr viel häufiger schrie als bisher. Schließlich beschloß ihre Mutter, die Kleine nicht mehr aus dem Kinderzimmer zu holen, nachdem sie sie zum Schlafen niedergelegt hatte, und sagte es dem Kind auch klipp und klar. Kaum hatte die Mutter diesmal das Licht ausgedreht und das Kinderzimmer verlassen, brach Monika auch schon in wütendes Geschrei aus. Die besorgte Mama kehrte sofort um und sah nach, ob dem Kind etwas fehlte. Als sie ins Zimmer trat, hörte Monika sofort zu schreien auf. Von diesem Tage an mußte die Mutter abends immer so lange bei ihrer Kleinen bleiben, bis Monika eingeschlafen war; versuchte sie, sich vorher aus dem Kinderzimmer zu stehlen, fing das Geschrei wieder von vorne an. Obwohl Monikas Mutter höchst ungern jeden Abend über eine Stunde lang im Kinderzimmer saß, nahm sie doch lieber die Warterei in Kauf als Monikas zorniges Gebrüll.

In dieser Situation verändert sich sowohl bei der Mutter als auch beim Kind das Verhalten. Monika beansprucht ihre Mutter sehr viel mehr als früher, und diese nimmt es der Kleinen übel. Sehen wir uns doch einmal genauer an, wie sich diese Verhaltensänderungen entwickelt haben.

Die meisten Kinder haben es gern, wenn ihre Eltern bei ihnen sind und ihnen Zuwendung und Aufmerksamkeit schenken. Als Monika abends zum erstenmal schrie, hatte sie verständlicherweise Angst und brauchte Trost und Beruhigung. An den folgenden Abenden hätte sie eigentlich nur ein klein wenig »Extra-Zuwendung« gebraucht, erhielt aber seitens ihrer Familie und vor allem ihrer Mutter vollste Aufmerksamkeit. Dadurch lernte sie, daß sie durch nächtliches Geschrei volle Zuwendung erreichen konnte, und verhielt sich entsprechend; das Verhalten des Kindes beruht natürlich nicht auf einer bewußten »Entscheidung« oder auf Absicht, wurde aber zu einer allabendlichen »Gewohnheit«. Wenn ihre Mutter sich ihr zu entziehen versuchte, verwandelte sich Monikas Geschrei in zorniges Gebrüll und Wutausbrüche, wovor die Mutter kapitulierte. In diesem Stadium sah es ganz so aus, als habe Monika völlig die Oberhand. Sie hatte das unerwünschte Verhalten gelernt, um ihren Kopf durchsetzen, d. h. abends bei ihren Eltern im Wohnzimmer bleiben zu können. Monikas Mutter gab nach, um Wutausbrüche der Kleinen zu vermeiden, mit denen sie nicht umzugehen wußte. Dadurch, daß sie abends bei dem Kind sitzen blieb, erkaufte sich diese Mutter gewissermaßen das Ausbleiben eines von ihr gefürchteten Wutausbruchs der Kleinen – aber mit welchen Kosten!

Man kann diese Situation einen regelrechten Teufelskreis nennen und sie folgendermaßen skizzieren:

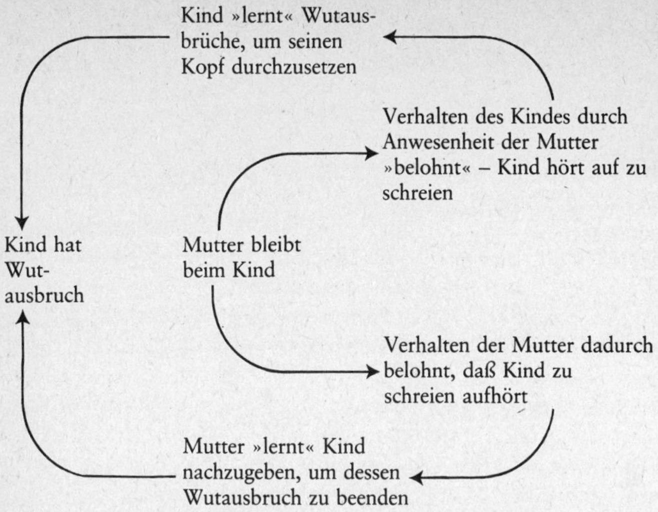

Das nächste Beispiel zeigt, wie die Eltern die Folgen kindlicher Verhaltensweisen etwas besser steuern können, um das weitere Verhalten des Kindes zu beeinflussen.

Auch im Fall von Thomas und dessen Familie handelt es sich um Lernvorgänge, allerdings um erfreuliche für alle Beteiligten. Der kleine Thomas war bisher in der Schule nicht besonders gut gewesen. Eines Tages brachte er eine Zeichnung mit nach Hause. Seine Mutter freute sich sehr darüber und zeigte es ihm auch; sie nahm ihn in die Arme und lobte das Bild in den höchsten Tönen. Von da an brachte Thomas öfter etwas mit nach Hause, das er in der Schule gemacht hatte, denn jedesmal zeigte die ganze Familie Interesse und Anerkennung. Besonders gute Leistungen fanden bei den Eltern natürlich auch besonders großes Lob, so daß Thomas allmählich nur noch seine gelungensten »Werke« mitbrachte. Er gab sich jetzt auch in der Schule sehr viel mehr Mühe als früher.

Thomas hat gelernt, daß seine Familie sich über seine guten Leistungen freut; wenn er also in der Schule gut arbeitet, passiert zu Hause irgend etwas Angenehmes. Bald wird der Kleine nicht mehr nur dafür arbeiten, sondern auch aus »Funktionslust«, d.h. aus Freude an der eigenen Leistung. Sowohl bei

Monika als auch bei Thomas zeigen sich also die Auswirkungen der Erfahrungen, die die Kinder jeweils mit den Folgen ihres Verhaltens gemacht haben.
Die Eltern können das Verhalten ihrer Kinder dadurch nachhaltig beeinflussen, daß sie von ihnen erwünschte Verhaltensweisen ihrer Sprößlinge in irgendeiner Weise belohnen. Es ist allerdings gar nicht so einfach, immer genau zu wissen, was das einzelne Kind als Belohnung empfindet. Häufig können wir dies nur dadurch feststellen, daß wir die verhaltensmäßigen Folgen der echten oder vermeintlichen Belohnung genau im Auge behalten; was das eine Kind als Belohnung empfindet, läßt das andere möglicherweise völlig kalt. Beim Stichwort »Belohnung« denken viele Eltern zunächst einmal an Süßigkeiten, Spielsachen oder andere Dinge, von denen sie wissen, daß ihr Kind sich darüber freut. Zuwendung von seiten der Eltern – Interesse, Lob oder Zärtlichkeit – ist aber oft noch sehr viel wichtiger und wirksamer. Die Beachtung, die die Eltern ihrem Kind schenken (oder auch nicht!), kann für

das Kind sogar einen so großen Stellenwert haben, daß sie selbst noch in der Form des Schimpfens oder der Bestrafung als Belohnung wirkt, vor allem dann, wenn die Eltern auf erwünschte Verhaltensweisen des Kindes nicht mit entsprechender Zuwendung reagieren.

Der kleine Peter zum Beispiel war ein lebhaftes, unternehmungslustiges Kind. Als Erstgeborener und erstes Enkelkind in der Familie hatte er während der ersten vier Lebensjahre ganz im Mittelpunkt des Interesses gestanden. Als dann sein Schwesterchen auf die Welt kam, schenkten ihm die Eltern und Großeltern zwangsläufig etwas weniger Beachtung als bisher. In den folgenden Monaten wurde Peter immer schwieriger. Auf seine provozierende Art, sich »aufzuspielen« oder Wutausbrüche zu produzieren, reagierten die Eltern erst mit gutem Zureden, dann mit Schimpfen und schließlich gelegentlich auch mit Schlägen. Peters unerwünschte Verhaltensweisen schienen jedoch mit jeder Bestrafung an Intensität und Häufigkeit zu- statt abzunehmen. Peter verschaffte sich ganz offensichtlich die gewohnte Beachtung bei den Erwachsenen, indem er seine Eltern zu Bestrafungen provozierte; sein Bedürfnis nach Zuwendung fand selbst durch Schläge eine gewisse Befriedigung. Wie viele Lehrer aus Erfahrung wissen, sind Kinder oft nur deshalb ungezogen, weil sie Aufmerksamkeit erregen wollen. In manchen Schulklassen richtet sich sogar der Großteil der Aufmerksamkeit des Lehrers auf die Kinder, die den Unterricht stören. Eltern wie Lehrer neigen dazu, unerwünschten Verhaltensweisen der Kinder sehr viel Beachtung zu schenken, es aber entweder gar nicht zu bemerken oder mit einem erleichterten Aufatmen darüber wegzugehen, wenn die Kinder gerade »brav« sind.
Alle Erkenntnisse über menschliche Lernvorgänge legen uns aber nahe, auf das Verhalten unserer Kinder genau umgekehrt zu reagieren, das heißt, den Kindern Beachtung und gelegentlich auch Lob und Anerkennung zu schenken, wenn sie etwas von uns Gewünschtes tun, unerwünschte Verhaltensweisen andererseits aber möglichst gar nicht zu beachten. Natürlich gibt es Situationen, in denen es aus naheliegenden Gründen einfach nicht möglich ist, etwa über destruktive oder aggressive Handlungen unserer Kinder hinwegzusehen; auf die Frage, wie man auf solche Verhaltensweisen reagiert, ohne ihr wiederholtes Auftreten zu fördern, werden wir später noch näher eingehen.

Die Art, wie wir auf bestimmte Verhaltensweisen des Kindes reagieren, entscheidet darüber, ob das Kind sich weiter so verhält. Wir wollen uns daher die Antwortmöglichkeiten A, B, C und D daraufhin ansehen, ob sie die zu Beginn des Kapitels beschriebenen Verhaltensweisen fördern oder bremsen.

A Wenn man einem Kind etwas gibt, das es mag, erhöht man die Wahrscheinlichkeit, daß das Kind künftig wieder oder sogar häufig tut, was es kurz vor der Belohnung getan hat.

B Wenn ein Kind etwas hauptsächlich deshalb tut, um damit bei Ihnen Aufmerksamkeit zu erregen, und Sie ignorieren dieses Verhalten einfach, dann lernt das Kind nach und nach, diese Verhaltensweise aufzugeben und es statt dessen mit einer anderen zu versuchen. (Vielleicht sollten Sie sich in diesem Zusammenhang etwas einfallen lassen, wie Sie dem Kind bei anderen Gelegenheiten, also wenn es »brav« ist, entsprechend viel Interesse und Zuwendung entgegenbringen können.)

C Schimpfen kann dem Kind durchaus eine gewisse Befriedigung vermitteln und hat auch dann, wenn es als Bestrafung empfunden wird, auf jeden Fall nur eine kurze Wirkung (vgl. Kapitel 6, S. 71).

D Bei den meisten Kindern nützt es durchaus, wenn ihnen die von den Eltern gesetzten »Spielregeln« genau erklärt werden. Solche Erläuterungen allein genügen aber meist nicht, vor allem nicht bei kleineren Kindern. Die Eltern sollten dem Kind auf jeden Fall *vorher* zu verstehen geben, welches Verhalten sie von ihm erwarten, denn wenn man dies erst nach dem Auftreten unerwünschter Verhaltensweisen tut, macht man wieder zu viel Aufhebens von Dingen, die man abstellen möchte.

Ausführliche Antworten zu »Was tun Sie, wenn . . .?«

1. Wenn Ihr Kind nachts schreit, nur um Sie länger bei sich festzuhalten, bringt man es am besten dadurch zur Ruhe, daß man nach dem Gute-Nacht-Kuß einfach ruhig aus dem Kinderzimmer geht, ohne viel Aufhebens davon zu machen (B). Dies wird Ihnen anfangs möglicherweise sehr schwer fallen; vielleicht brauchen Sie dazu noch eine weitere Person, die Ihnen »den Rücken stärkt«. Früher oder später werden Sie sich zu diesem Schritt bequemen müssen.
2. Und wenn Sie bis zum Hals in Arbeit stecken – es lohnt sich, eine kurze Pause einzulegen, um das Kind spüren zu lassen, daß sein ruhiges Spiel angenehm aufgefallen ist (A).
3. Interesse und Lob für das Bild werden Ihr Kind dazu ermuntern, Ihnen öfter etwas zu zeigen, das es in der Schule gemacht hat, und steigern möglicherweise auch das Interesse des Kindes an schulischen Belangen (A).
4. Die wirksamste Methode, dieses zwar nicht sonderlich schlimme, aber zweifellos lästige Verhalten des Kindes abzustellen, besteht darin, das Kind einfach nicht zu beachten, wenn es stört (B). Es kann natürlich passieren, daß das Kind dann von Ihrem Besuch genau die gesteigerte Aufmerksamkeit erhält, die Sie ihm mit gutem Grund verweigern. Bei größeren Kindern mag es ganz nützlich sein, wenn man ihnen – bevor der nächste Besuch kommt – in Ruhe klarmacht, daß sie nicht dauernd stören dürfen (D).

Kontroll-Quiz zur Gedächtnisstütze

Füllen Sie bitte die Lücken im Text mit folgenden Begriffen aus:

A belohnen oder Belohnung
B gar nicht beachten
C bestrafen oder Bestrafung
D erklären
E ermuntern oder Ermunterung
F Teufelskreis

Der dreijährige Werner brüllte immer wie am Spieß, wenn er seinen Kopf nicht durchsetzen konnte. Dann schimpfte seine Mutter mit ihm.

Werners Mutter schimpfte, um Werner für sein zorniges Geschrei zu (1) . . . . In Wirklichkeit hat es aber nicht als (2) . . . ., sondern als (3) . . . . gewirkt. Wir wissen, daß das Ausschimpfen eine Art (4) . . . . war, weil Werner sein Gebrüll fortsetzte. Werners Mutter hätte das Wutgeschrei lieber (5) . . . . sollen, anstatt es durch ihre Aufmerksamkeit zu (6) . . . . Werner sein Verhalten zu (7) . . . ., wäre bei einem Kind seines Alters sehr schwierig; außerdem hätte ihm dies genau zum Zeitpunkt seines wütenden Geschreis wieder besondere Beachtung seitens seiner Mutter verschafft, was als (8) . . . . gewirkt und seine Bereitschaft zu Trotzausbrüchen gestärkt hätte. Die Situation ist ein (9) . . . .: Durch ihr Schimpfen wendet die Mutter dem Verhalten Werners volle Aufmerksamkeit zu und bewirkt – allerdings nur vorübergehend –, daß der Junge ruhig ist. Für Werners Mutter liegt die Belohnung in den kurzen Pausen, die durch ihr Schimpfen zwischen Werners Wutausbrüchen eintreten.

Wenn Sie nicht alle Fragen beantworten können, dann sehen Sie sich bitte noch einmal den Abschnitt an, in dem das Quiz ausführlich besprochen wurde.

Antworten: 1: C; 2: C; 3: E; 4: A; 5: B; 6: E; 7: D; 8: A; 9: F

3. Wann und wie das Kind belohnt werden soll

Was tun Sie, wenn . . .?

Wählen Sie für die folgenden Situationen unter den Handlungsmöglichkeiten A, B, C und D:

1. Ihr 12 Monate altes Töchterchen sagt, als Sie die Kleine gerade in ihr Bettchen legen, zum ersten Mal »Mama«. Sie freuen sich sehr darüber und wollen das Kind zu weiteren Sprachäußerungen ermuntern. Würden Sie
   A ein Milchfläschchen herrichten und die Kleine daraus trinken lassen (sie benutzt das Fläschchen nur noch selten);
   B auch »Mama« sagen;
   C später mit dem Kind spielen;
   D die Kleine anlachen, in die Arme nehmen und streicheln?

2. Ihr zehnjähriger Sohn kommt von der Schule nach Hause und bringt ein gutes Zeugnis mit. Würden Sie
   A ihm etwas zu essen geben, das er besonders gerne mag;
   B ihn loben;
   C ihm sagen, er dürfe zur Belohnung am Abend länger zum Fernsehen aufbleiben;
   D ihn loben und ihm sagen, daß Sie ihm für seine gute Leistung etwas Geld auf sein Sparkonto einzahlen werden, das für seine weitere Ausbildung angelegt ist?

3. Sie halten Ihren zwölfjährigen Jungen, der bei allerlei Arbeiten im Haushalt mithilft, dazu an, sich regelmäßig die Schuhe zu putzen. Wenn er es getan hat, würden Sie
   A sagen: »Deine Schuhe sind aber heute blitzblank poliert – das hast du gut gemacht« oder eine ähnliche Bemerkung;
   B ihm eine kleine Belohnung geben;
   C ihn am Abend mit ins Kino nehmen;
   D ihn am Abend dafür loben, daß er heute so brav war?

4. Ihre Vierjährige lernt gerade, sich selbst die Schuhe zu binden. Wann würden Sie die Kleine dafür loben?

A bei jedem Versuch;
B einmal in der Woche dafür, weil sie es versucht hat;
C vor dem Einschlafen;
D wenn sie es geschafft hat, eine tadellose Schleife zu binden?

Im vorigen Kapitel haben wir festgestellt, daß die unmittelbaren Folgen einer Verhaltensweise das Verhalten des Betreffenden bei künftigen Gelegenheiten beeinflussen. Wenn die Folgen einer Verhaltensweise – gleichgültig, worin diese besteht – oder die Reaktionen der Umwelt darauf für den Betreffenden angenehm sind oder ihm Befriedigung verschaffen, so steigt die Wahrscheinlichkeit, daß dieses Verhalten in Zukunft häufiger oder stärker auftritt. Man kann sagen, daß die betreffende Verhaltensweise bekräftigt oder *verstärkt* wurde. Verstärkungen bewirken also, daß ein Kind immer wieder tut, was es einmal gelernt hat, sei es nun etwas »Gutes« oder »Schlechtes«. Alles, was der Betreffende als Belohnung empfindet, wird sein Verhalten verstärken. Bei Kindern kann die Belohnung in konkreten Dingen bestehen wie zum Beispiel in Spielzeug, Comic-Heftchen, Büchern, Spielmaterial, Zeichen-, Mal- oder Bastelgerät, Sammelobjekten für eine bereits bestehende Sammlung (etwa ausländische Briefmarken) oder dem ersten Stück für eine neue Sammlung, Süßigkeiten, Geld oder Gutscheinen in Form von Marken, Strichen, Punkten oder Sternen usw.
Belohnungen, die das Verhalten des Kindes verstärken, können auch in Betätigungsmöglichkeiten bestehen, die relativ passive Unterhaltungsformen sind. Dazu gehören Fernsehen, das gemeinsame Anschauen eines Buches, das Vorlesen von Geschichten oder die Erlaubnis, sich einmal ohne Einschränkungen so richtig auszutoben, abends später nach Hause zu kommen oder länger aufzubleiben. Bestimmte Betätigungsmöglichkeiten sind für das Kind oft ganz besonders reizvoll, wenn bei kleineren Kindern die Eltern und bei größeren ein Freund oder eine Freundin daran teilnehmen, etwa beim Bau eines komplizierten Flugzeugmodells, bei einem Brettspiel, einer Rad- oder Bergtour oder bei der Vorbereitung einer Party.

Antworten: 1: B, D; 2: B, C, D; 3: D; 4: A

Solche Betätigungsmöglichkeiten sind naturgemäß meist verzögerte Belohnungen, die gewöhnlich einige Zeit nach dem Auftreten der Verhaltensweise erfolgen, die Sie fördern oder verstärken wollen. Eine sofortige Belohnung kann allerdings in dem unmittelbar nach dem Auftreten der erwünschten Verhaltensweise gegebenen (und unbedingt einzuhaltenden!) Versprechen der Eltern oder anderer Erwachsener bestehen, dem Kind bei der Vorbereitung oder Durchführung eines für das Kind allein zu schwierigen Vorhabens zu helfen.
Eine Belohnung, die ohne Verzögerung und ohne große Umstände auf das erwünschte Verhalten des Kindes folgen kann und die äußerst wichtig und wirkungsvoll ist, besteht in den verschiedenen Formen von Zuwendung seitens der Eltern oder anderer Erwachsener: Interesse, Zärtlichkeit, Lob, Anerkennung, Hilfestellung, Zustimmung oder Gratulation. Zuwendung drückt sich beispielsweise in einem Lächeln, einer Umarmung, einem Kuß, einem freundschaftlichen Schlag auf die Schulter oder in den Worten aus: »Sehr schön!« »Du hast völlig recht.« »Das hast du prima gemacht!« »Genau!« »Das hört sich gut an!« »Großartig!« »Das gefällt mir sehr gut!«
Wenn Sie Ihre Kinder für bestimmte Verhaltensweisen belohnen wollen, sollten Sie auch die folgenden Punkte beachten:

1. Eine von Ihnen als Belohnung gedachte Maßnahme muß nicht unbedingt für jedes Kind wirklich eine Belohnung sein oder das Kind jedesmal wieder erfreuen.

2. Da schlichte Zuwendung seitens der Erwachsenen für das Kind eine äußerst wirksame Belohnung darstellt und das kindliche Verhalten fast immer nachhaltig beeinflußt, sollte man dieser Form der Belohnung gegenüber anderen den Vorzug geben oder sie zumindest mit anderen kombinieren.

Förderung gewünschter Verhaltensweisen oder Bestechung?

Der bewußte und gezielte Einsatz von Belohnungen in der Erziehung von Kindern erscheint vielen Eltern zunächst einmal fragwürdig, weil er in ihren Augen auf Bestechung oder gar Erpressung hinausläuft und daher abzulehnen ist.

Im Fall von Erpressung werden unangenehme Folgen angedroht, wenn sich der Erpreßte nicht in einer bestimmten Weise verhält. In der hier vorgeschlagenen Methode ist aber von Drohungen, Bestrafungen oder sonstigen unangenehmen Folgen überhaupt nicht die Rede. Im Fall der Bestechung werden für ein bestimmtes Verhalten angenehme Folgen in Aussicht gestellt, wobei das durch Bestechung erzielte Verhalten ungesetzlich, ehrenrührig oder sonstwie problematisch ist und gewöhnlich nur dem Bestechenden zugute kommt. Wenn Sie Anlaß zu der Befürchtung haben, daß das von Ihnen erwünschte Verhalten die Rechte des Kindes verletzt oder sonstwie fragwürdig ist, sollten Sie sich natürlich ohnehin davor hüten, das Kind durch Belohnungen oder Versprechungen zu problematischen Verhaltensweisen zu verleiten. Wir gehen hier davon aus, daß Sie Ihr Kind zu Verhaltensweisen zu ermuntern suchen, die in erster Linie dem Kind selbst und seiner sozialen Entwicklung dienen, auch wenn sie zugleich Ihnen oder anderen gleichzeitig im eigenen Interesse wünschenswert erscheinen.

Die Aussicht auf irgendeine »Belohnung« in der Zukunft eignet sich bei Kleinkindern überhaupt nicht zur Förderung bestimmter Verhaltensweisen. Wir haben bereits hervorgehoben, wie wichtig eine positive Reaktion der Umwelt ist, während oder unmittelbar nachdem das Kind ein erwünschtes Verhalten gezeigt hat. Eine sofortige Verstärkung fällt vielen Eltern anfangs etwas schwer, die es sich zur Gewohnheit gemacht haben, ihrem Kind für sofortige Folgsamkeit irgendwelche großen Belohnungen in der Zukunft zu versprechen (etwa ein Fahrrad, ein Radio oder dergleichen). Mit Belohnungen, die lange auf sich warten lassen, erreicht man bestenfalls kurzlebige Erfolge.

Abmachungen zwischen den Eltern und deren größeren Kindern (wie sie etwa in Kapital 8 besprochen werden) scheinen dem Tatbestand der Bestechung schon etwas näherzukommen. Allerdings befindet sich der aktive Teil bei einer echten Bestechung nur scheinbar im Vorteil, in Wirklichkeit aber in der schwächeren Position, weil die »Bestechungssumme« entsprechend den wachsenden Forderungen des »Opfers« immer wieder erhöht werden muß. Wenn Eltern und heranwachsende Kinder bestimmte Abmachungen miteinander treffen (etwa darüber, wann die Sprößlinge abends zu Hause sein oder wieviel Mitarbeit im Haushalt sie leisten sollen), sollte man daher sorgsam darauf achten, daß keine Seite die andere übervorteilt. Die Vereinbarung sollte ein fairer »Vertrag« sein, in dem die Partner einander etwas dafür bieten, daß sie bestimmte Vorteile eingeräumt bekommen. Dies ist die Basis für vernünftige Kompromisse, wobei beide Seiten prinzipiell das Recht haben müssen, sich gar nicht erst auf die Vereinbarung einzulassen oder den Vertrag zu kündigen. Gleichzeitig müssen sich alle Beteiligten darüber klar sein, daß ein einseitiger Bruch der einmal getroffenen Vereinbarung auch die andere Seite von ihren Verpflichtungen entbindet. All dies hat mit Bestechung oder dergleichen nichts zu tun; klare Vereinbarungen erleichtern es dem heranwachsenden Kind, auf offene und ehrliche Weise gängige Formen angemessenen sozialen Verhaltens zu erlernen.

Die Wahl des richtigen Zeitpunktes für Belohnungen

Es kommt nicht nur auf die Art der Verstärkung an, sondern auch auf den Zeitpunkt, an dem sie eingesetzt wird. Wenn man Kleinkinder für ein bestimmtes Verhalten belohnt, sollte die Verstärkung unbedingt sofort erfolgen, also während oder unmittelbar nach dem Auftreten einer Verhaltensweise, die man dem Kind beibringen oder angewöhnen will. Wenn das erwünschte Verhalten verspätet belohnt wird, verstärkt man womöglich etwas, das das Kind hinterher getan hat und das vielleicht alles andere als wünschenswert ist.

Eine Mutter wollte zum Beispiel ihrer siebenjährigen Tochter angewöhnen, sich morgens regelmäßig die Zähne zu putzen, ohne daß man sie jedesmal eigens daran erinnerte. Sie beschloß daher, die Kleine immer dann, wenn sie von sich aus die Zähne geputzt hatte, mit einer billigen, aber leuchtend bunten ausländischen Briefmarke für ihre Sammlung zu belohnen. Die erste Briefmarke gab die Mutter dem Kind, als es sich gerade auf den Weg zur Schule machte – etwa eine halbe Stunde nach dem Zähneputzen, in der das Kind alles mögliche andere gemacht hatte. Die Mutter mußte zu ihrer Enttäuschung feststellen, daß ihre Tochter in den folgenden Wochen

immer noch häufig vergaß, sich die Zähne zu putzen. Es fiel der Mutter außerdem auf, daß das Kind sich morgens viel früher als sonst den Mantel anzog und auf den Schulweg machte. Die gelegentliche Belohnung mit einer neuen Briefmarke hatte also bewirkt, daß das Kind sich besonders gern den Mantel anzog, weil die Verstärkung eben beim Mantelanziehen erfolgt war, während sie sich auf das – wenn überhaupt – schon eine halbe Stunde zuvor erfolgte Zähneputzen überhaupt nicht auswirkte.
Als die Mutter dazu überging, ihrer Tochter *unmittelbar* nach dem Zähneputzen eine Briefmarke zu geben, putzte sich die Kleine bald regelmäßig die Zähne. Nach einiger Zeit war diese erwünschte Angewohnheit auch nicht mehr von äußerlichen Belohnungen abhängig; die Pracht frischgeputzter Zähne wirkte von sich aus verstärkend.
Wenn Sie bei kleineren Kindern bestimmte Verhaltensweisen verstärken wollen, müssen Sie daher darauf achten, daß die Belohnung *während* oder *sofort nach* dem Auftreten des gewünschten Verhaltens erfolgt. Anfangs ist es darüber hinaus erforderlich, selbst den geringsten Ansatz zu dem von Ihnen gewünschten Verhalten beim Kind zu belohnen.
Man kann natürlich nicht den ganzen Tag damit verbringen, erfreuliche Verhaltensweisen bei seinen Kindern zu belohnen; schließlich hat kein Mensch Zeit und Lust, ständig auf lobenswertes Benehmen zu lauern! Das ist aber auch gar nicht nötig, ja noch nicht einmal sinnvoll, denn was passiert denn, wenn man ein Kind für ein erwünschtes Verhalten *jedesmal* belohnt, statt nur ab und zu? Wie wir bereits gesehen haben, tritt eine stets verstärkte Verhaltensweise häufiger auf als vor dem Einsatz von Belohnungen. Das Kind, dessen Handlung verstärkt wurde, beginnt mit der Zeit auch, immer eine entsprechende Belohnung zu erwarten. Unter diesen Voraussetzungen wird der Lernprozeß außerordentlich beschleunigt. Die Methode der kontinuierlichen Verstärkung ist daher besonders gut dafür geeignet, die Entwicklung einer bestimmten Gewohnheit einzuleiten oder dem Kind neue Verhaltensweisen beizubringen. Was aber geschieht, wenn wir plötzlich aufhören, das erwünschte Verhalten durch Zuwendung oder sonstige Belohnungen zu verstärken? Das Kind lernt sehr schnell, daß es keine derartigen Belohnungen mehr zu erwarten hat, und seine

gerade erst erworbene erfreuliche Angewohnheit verflüchtigt sich ebenso schnell wieder.

Diesen Vorgang kennen die meisten von uns aus eigener Erfahrung. Wenn ein bisher zuverlässiger Kaugummi- oder Zigarettenautomat zum Beispiel plötzlich »streikt«, wird man vielleicht mit der Faust daranschlagen, möglicherweise auch laut oder leise fluchen oder mit wachsendem Zorn auf alle möglichen Knöpfe drücken, sich aber meist hüten, noch mehr Geld hineinzustecken. Hat man doch eine weitere Münze riskiert und wieder nichts dafür bekommen, dann dürfte man den Automaten höchstwahrscheinlich nicht noch weiter »füttern«. Die Verhaltensweise, Münzen in den Geldschlitz zu stecken, um dafür eine entsprechende Ware zu erhalten, wird also sehr schnell aufhören, wenn die Gegenleistung ausbleibt. Wir sollten daher unbedingt folgendes bedenken: Wenn ein Kind jedesmal für ein bestimmtes Verhalten belohnt wird, kommt es zu einem außerordentlich schnellen Lernprozeß, der aber ebenso schnell wieder zu Ende geht, sobald die Belohnung ausbleibt.

Im normalen Familienleben, vor allem aber bei größeren Kindern, ist es nicht erforderlich, jede positive Verhaltensweise des Kindes besonders zu beachten oder zu belohnen. Es genügt vielmehr völlig, wenn nur jede dritte, vierte oder fünfte Äußerung des gewünschten Verhaltens verstärkt wird – und zwar in unregelmäßigen Abständen, so daß das Kind nie genau weiß, wann eine Belohnung erfolgen wird. Die meisten Eltern üben diese Verstärkungsmethode bei ihren größeren Kindern ohnehin aus. Wenn dann mit der Zeit immer weniger Belohnungen gegeben werden, zeigen größere Kinder trotzdem weiter die von den Eltern gewünschten Verhaltensweisen und fangen vielleicht sogar an zu verstehen, warum die Eltern dieses Verhalten als sinnvoll und nützlich erachten. Es mag Ihnen zum Beispiel daran liegen, daß Ihr Kind auch außerhalb des Elternhauses bestimmte Tischmanieren beachtet, obwohl Sie naturgemäß nicht immer dabeisein und »aufpassen« können. Hier genügt es völlig, wenn Sie bei Tisch ab und zu einmal eine anerkennende Bemerkung über die tadellosen Tischmanieren Ihres Sprößlings machen.

Vieles, was größere Kinder oder auch Erwachsene tun, wird übrigens durch diese Art von gelegentlichen Belohnungen von

seiten anderer Menschen in Gang gehalten und ist von sogenannter intermittierender (d. h. gelegentlich und in unregelmäßigen Abständen erfolgender) Verstärkung abhängig. Wir brauchen nicht jedesmal belohnt zu werden, um etwas zu tun.
Fassen wir in einer kurzen Wiederholung zusammen, was wir in diesem Kapitel gelernt haben.
Wir sind dazu übergegangen, die Steigerung der Häufigkeit oder der Intensität einer bestimmten Verhaltensweise durch den Einsatz von Belohnungen, Lob oder Zuwendung unmittelbar nach dem Auftreten des gewünschten Verhaltens *Verstärkung* zu nennen.

Über die Verstärkung haben wir folgendes gelernt:

1. Was für das Verhalten des einen Kindes eine Verstärkung darstellt, muß dies nicht unbedingt auch für das Verhalten eines anderen sein. Lob und Aufmerksamkeit seitens der Erwachsenen wirken aber auf das Verhalten von Kindern allgemein als Verstärkung.

2. Wenn man bestimmte Einzelheiten aus dem Verhaltensrepertoire von Kleinkindern fördern und weiterentwickeln will, dann ist es erforderlich, die betreffende Verhaltensweise häufig und jeweils unmittelbar nach ihrem Auftreten zu verstärken.

3. Eine sofortige Verstärkung nach jedem Auftreten einer bestimmten Verhaltensweise ist bei Kindern fast aller Altersstufen die wirksamste Methode, um neue Verhaltensweisen zu fördern. Später, wenn dieses neugelernte Verhalten beim Kind zur Gewohnheit geworden ist, genügen gelegentliche Verstärkungen, um es aufrechtzuerhalten. Es wird möglicherweise dann sogar von selbst aufrechterhalten, weil es in sich eine Art Belohnung für das Kind darstellt.

Besprechung des Abschnitts »Was tun Sie, wenn . . .?« (S. 25)

1. Bei den meisten Säuglingen wirken Zuwendung von seiten der Mutter oder Nahrungszufuhr vermutlich als Belohnung und verstärken die zuvor gezeigten Verhaltensweisen. Be-

denken Sie dabei aber bitte, daß es ganz entscheidend auf eine *sofortige* Verstärkung ankommt; am zweckmäßigsten wäre daher eine Kombination aus (B) und (D).
Im Fall (A) ist eine wirksame Verstärkung kaum möglich, weil das Herrichten des Fläschchens zu lange dauert, als daß die Nahrung eine sofortige Belohnung sein könnte. Im Fall (C) müßte das spätere Spiel der Mutter mit dem Baby wegen des großen Zeitabstands Verhaltensweisen verstärken, die lange nach dem zu Verstärkenden erfolgt sind. Das Baby würde die Belohnung nicht mit dem gewünschten Verhalten in Zusammenhang bringen.

2. Kinder reagieren auf verschiedene Belohnungen sehr unterschiedlich; die meisten Zehnjährigen empfinden aber etwas zu essen (A) nicht unbedingt als ausreichende Verstärkung für gute Schulleistungen. Lob (B) ist eine sehr wirksame Verstärkung und hat vor allem den Vorteil, daß es unmittelbar auf das erwünschte Verhalten folgen kann. Es sollte zusätzlich zu allen anderen Formen der Belohnung gegeben werden.
Die Verzögerung der Belohnung um mehrere Stunden ist im allgemeinen viel zu lang, als daß die Verstärkung bei einem zehnjährigen Kind entsprechend wirken könnte; in der Verbindung mit Lob und Anerkennung ist die Aussicht auf eine zusätzliche Fernsehstunde allerdings durchaus eine wirkungsvolle Verstärkung (C). Ein Geldgeschenk allein (D) würde vermutlich aus den gleichen Gründen wie im Fall (A) wenig nützen, wäre in der Verbindung mit Lob und Anerkennung aber sicher eine recht effektive Lektion über das Sparen.

3. Wenn man bei einem Kind eine neue Fertigkeit wie das Schuhputzen fördern will, ist ein kleines Geschenk (B) oder Lob und Anerkennung (A) nach jedem Auftreten der erwünschten Verhaltensweise für den Anfang zweifellos die beste Methode. Der Besuch im Kino (C) erfolgt dagegen viel zu spät und ist darüber hinaus eine unangemessen große Belohnung. Die lobende Erwähnung des erwünschten Verhaltens am Abend (D) ist eine Form der Belohnung, die zur Aufrechterhaltung einer bereits zur Gewohnheit gewordenen erwünschten Verhaltensweise später nötig ist.

4. Wenn man einem kleinen Kind beibringen will, sich selbst die Schuhe zu binden, sollte man unbedingt jeden Versuch des Kindes in dieser Richtung belohnen (A). Erfolgt die Belohnung dagegen erst am Wochenende (B), dann kann sie wegen der allzu langen Verzögerung kaum mehr als Verstärkung für das Schuhanziehen wirken. Dies gilt auch für den Fall (C), die Belohnung am Abend, wobei die Belohnung möglicherweise das vor dem Schlafengehen erfolgende Schuhausziehen oder sonstige Verhaltensweisen verstärkt, die eigentlich gar nicht gemeint waren. Wartet man mit der Belohnung gar so lange, bis das Kind die erwünschte Verhaltensweise vollständig beherrscht, dann muß man sich unter Umständen sehr lange gedulden; denn ohne hinreichende Verstärkungen in der frühen Lernphase dauert der Lernprozeß sehr lange.
Lob und Anerkennung sind mächtige Verstärker, die von den Eltern noch dazu sofort und reichlich gegeben werden können.

Kontroll-Quiz zur Gedächtnisstütze

Wählen Sie bitte unter folgenden Aussagen:

1. Wenn ein Kind etwas Neues lernen soll, belohnt man es am besten
   A am Abend;
   B immer wenn es sich mit der neuen Aufgabe beschäftigt;
   C ab und zu.

2. Wenn ein Kind sich eine erlernte Verhaltensweise zur Gewohnheit gemacht hat, z. B. seine Kleider aufzuräumen, tun die Eltern gut daran,
   A diese Verhaltensweise überhaupt nicht mehr zu belohnen;
   B gelegentlich und in unregelmäßigen Abständen eine Belohnung zu geben, ohne daß das Kind weiß, wann diese erfolgen wird;
   C das Kind immer am gleichen Wochentag zu belohnen;
   D jedes Auftreten der erwünschten Verhaltensweise zu belohnen.

3. Susanne hat um 8.00 Uhr das Frühstücksgeschirr gespült und um 8.30 ihr Zimmer aufgeräumt. Um 8.40 stritt sie sich heftig mit ihrem Bruder. Um 8.45 Uhr bemerkte ihre Mutter, daß Susanne abgewaschen und ihr Zimmer in Ordnung gebracht hatte, und lobte sie ganz allgemein. Welche von Susannes Verhaltensweisen dieses Morgens wurde durch das pauschale Lob der Mutter wohl verstärkt?
   A Das Geschirrspülen
   B Das Aufräumen
   C Der Streit mit dem Bruder

Antworten: 1: B; 2: B; 3: C. Wenn Sie nicht alle Fragen beantworten konnten, dann sehen Sie bitte noch einmal im Besprechungsteil dieses Kapitels nach.

4. Verhaltensbeschreibung bei Kindern

Was tun Sie, wenn . . .?

Sind die folgenden Berichte über Verhaltensweisen von Kindern Ihrer Meinung nach klar oder unklar? Setzen Sie bitte vor jeden Satz ein K (für »klar«) oder U (für »unklar«).

. . . . . . 1. Jochen ist zwischen zwei und halb drei Uhr sechsmal von seinem Platz aufgestanden.
. . . . . . 2. Willy war heute zweimal ungezogen.
. . . . . . 3. Monika spielt ganz vergnügt im Garten.
. . . . . . 4. Peter war heute beim Mittagessen sehr brav.
. . . . . . 5. Axel fing im Kindergarten jedesmal zu weinen an, wenn seine Mutter fortging.
. . . . . . 6. Katrin hat im Schulbus immer Trotzausbrüche.

Die beiden ersten Kapitel handelten davon, wie Kinder ihre alltäglichen Verhaltensweisen lernen. Wie wir gesehen haben, sind die dem Verhalten des Kindes unmittelbar folgenden Ereignisse von größter Bedeutung für das künftige Verhalten des Kindes. Dies ist so wichtig, daß wir es immer und immer wieder betont haben. Wenn die Eltern nämlich erst einmal wirklich begriffen haben, daß Art und Zeitpunkt ihrer eigenen Reaktionen auf das Verhalten des Kindes entscheidend wichtig sind, dann sind sie auch in der Lage, ihrem Kind gezielt bei der Entwicklung angemessener Verhaltensweisen zu helfen.
Der erste Schritt auf diesem Weg besteht darin, die Verhaltensweisen Ihres Kindes, die Sie verändern möchten, möglichst genau zu definieren und zu beschreiben. Auf den ersten Blick sieht das ganz einfach aus, ist aber in Wirklichkeit recht schwierig. Es ist jedenfalls sehr wichtig, nach den in diesem Buch gegebenen methodischen Schritten zu verfahren. Lassen Sie sich davon aber bitte nicht abschrecken – wenn Sie Ihre Beobachtungsgabe anhand der in diesem Kapitel enthaltenen Hinweise ein wenig schulen und üben, können Sie die Verhaltensweisen Ihrer Kinder sicher sehr bald klar und eindeutig definieren und beschreiben.

Antworten: 1: K; 2: U; 3: U; 4: U; 5: K; 6: U

Wir sagen oft, ein Kind sei »ungezogen« gewesen oder habe etwas »falsch« gemacht – aber was heißt das schon? Verschiedene Leute werden sich unter diesen Formulierungen höchst unterschiedliche Sachverhalte vorstellen. Man kann aus dieser ungenauen Information jedenfalls nicht schließen, was vorgefallen ist, ob das Kind nun wirklich etwas »Schlimmes« angestellt hat, oder ob der Erwachsene vielleicht allzu streng in seiner Beurteilung des kindlichen Verhaltens war. Was dem einen Erwachsenen bereits als »Verhaltensstörung« erscheint, erachtet der andere möglicherweise nur als kleinen »Ausrutscher« des Kindes auf dem Wege zu reiferen Formen des Verhaltens.

Nehmen wir einmal an, Willy sei von seinen Eltern vom Mittagstisch weg auf sein Zimmer geschickt worden, weil er seine Erbsen nicht essen wollte und sie statt dessen seiner Schwester ins Gesicht schnippte. Der Junge rennt daraufhin zornig in sein Zimmer und hat dort einen »Wutanfall«. Wenn Sie über Willys Verhalten berichten sollen, sagen Sie möglicherweise nur, der Junge sei »ungezogen« gewesen. Dabei bleiben aber viele Aspekte des Vorfalls völlig unklar. Wir wissen, was die Eltern veranlaßte, Willy in sein Zimmer zu schicken, aber verstehen wir bei dem Ausdruck »Willy hat einen Wutanfall« auch alle das gleiche? Was hat Willy in seinem Zimmer denn alles dabei angestellt? Wie lange dauerte der »Wutanfall«? Wenn Sie gesagt hätten, Willy habe in seinem Zimmer mit Spielsachen um sich geworfen, mit den Füßen gegen die Möbel und die Tür geschlagen und fünf Minuten lang laut gebrüllt, könnten wir uns die Situation schon etwas konkreter vorstellen. Oder nehmen Sie zum Beispiel die Bemerkung eines Lehrers, Ihr Sohn sei heute auf dem Sportplatz ziemlich aggressiv gewesen, und überlegen Sie sich einmal, wie viele verschiedene Interpretationsmöglichkeiten diese Aussage zuläßt.

Die Ungenauigkeit solcher Äußerungen bringt eine Reihe von Problemen mit sich, von denen wir uns einmal drei genauer ansehen wollen, die miteinander zusammenhängen.

Erstens neigen viele Menschen dazu, Verhaltensweisen mehr zu *interpretieren,* als zu *beschreiben,* was vorgefallen ist. Bezeichnet man das Verhalten eines anderen beispielsweise einfach als »aggressiv«, dann kann man sich darunter alles mögliche vorstellen. Sie kennen dieses Verständigungsproblem sicher aus eigener Erfahrung und wissen, wie schwierig es etwa sein kann, anderen Erwachsenen, die mit Ihren Kindern zu tun haben (z. B. dem Lehrer oder dem Hausarzt) zu erklären, was passiert ist oder worüber Sie einen guten Rat einholen wollen. Sie selbst glauben zwar, sich klar und verständlich ausgedrückt zu haben, müssen aber hinterher feststellen, daß sich Ihr Gesprächspartner kein rechtes Bild machen kann und erst lange nachfragen muß, bis er weiß, worum es geht. Dies kann für beide Seiten unangenehm, peinlich oder zeitraubend sein und den von Ihnen gewünschten Rat sehr erschweren. Solche Situationen entstehen oft dadurch, daß die betreffenden Verhaltensweisen des Kindes oder andere Sachverhalte eben nicht klar und eindeutig beschrieben, sondern interpretiert werden. So erfährt man über das Verhalten des Kindes zum Beispiel oft nicht, was der Sprößling denn nun wirklich gemacht hat, sondern daß er »brav« oder »ungezogen«, »aggressiv« oder »folgsam«, »gut« oder »schlecht« gewesen sei.

Zweitens machen es vage Beschreibungen praktisch unmög-

lich, die Verhaltensweisen des Kindes nach Häufigkeit und Intensität ihres Auftretens einzuschätzen. Wenn die Eltern das Verhalten Ihrer Kinder nicht beschreiben, sondern interpretieren, haben sie später kaum Vergleichsmöglichkeiten, weil sie nicht wissen, wie oft, wie lange und, vielleicht nicht einmal, wann das zu verändernde Verhalten überhaupt aufgetreten ist. In der Schule wollen die Lehrer wissen, ob ihre Lehrmethoden das Wissen der Schüler erweitert haben. Sie nehmen nicht einfach an, daß die Kenntnisse der Kinder kontinuierlich anwachsen, sondern prüfen die Lernfortschritte der Schüler gegenüber der letzten Hausaufgabe oder Klassenarbeit. Auch Eltern, die ihrem Kind irgendeine eingefahrene »schlechte Angewohnheit« abgewöhnen und neue Formen des Verhaltens beibringen wollen, dürfen sich daher nicht einfach auf Wunschdenken verlassen, sondern müssen genau prüfen, ob sich das Verhalten des Kindes wirklich verändert.
Drittens wird die Möglichkeit, das Verhalten eines Kindes zu verändern, durch mangelnde Definition und Beschreibung des zu verändernden Verhaltens stark beeinträchtigt. Wenn die Verhaltensweisen des Kindes nur vage bezeichnet sind, weiß man nie so recht, was man überhaupt daran verändern will und wie man dabei vorgehen kann. Wenn Sie nicht genau wissen, welche Verhaltensweisen Sie verstärken sollen, steigt die Wahrscheinlichkeit, daß Ihr eigenes Verhalten inkonsequent und der Lernprozeß verlangsamt wird, ganz abgesehen davon, daß das Kind dabei womöglich Dinge lernt, die Sie ihm keineswegs angewöhnen wollten. Ordnung halten ist beispielsweise einer der Bereiche, in denen Sie dem Kind und sich selbst erst einmal klarmachen müssen, was darunter im einzelnen zu verstehen ist, bevor Sie dem Kind Sinn für Ordnung beibringen können.
Dazu folgendes Beispiel: Martin wurde immer schlampiger. Sein Zimmer befand sich in einem solchen Zustand, daß er nie etwas finden konnte, was er gerade brauchte; alles lag wie Kraut und Rüben durcheinander. Seine Mutter wollte ihm wenigstens soviel Ordnungssinn beibringen, daß er seine Sachen einigermaßen wiederfinden konnte. Bevor sie aber damit beginnen konnte, Martin zu mehr Ordnung anzuhalten, mußte sie sich erst einmal genau darüber klar werden, was sie unter »mehr Ordnung« verstand, damit sie Martins Fortschritte in

diese Richtung gezielt verstärken konnte. Anfangs – Martin war gerade sieben Jahre alt – war nach ihren Maßstäben bereits eine Belohnung fällig, wenn der Junge sein Spielzeug nach Gebrauch aufgeräumt hatte. Als Martin etwas größer war, stiegen die Ansprüche der Mutter an seinen Ordnungssinn entsprechend; mit zehn mußte der Junge neben seinem Spielzeug auch seine Kleider aufgeräumt und sein Bett gemacht haben, um eine Belohnung zu bekommen. Ein paar Jahre später hatte Martin dann gelernt, daß ein einigermaßen ordentliches Zimmer an sich schon recht angenehm ist – er hatte sich bereits seine eigenen Maßstäbe gesetzt.

Sehen wir uns zu den drei soeben behandelten Punkten noch weitere Beispiele an.

Wenn Sie in der Lage sind, bestimmte Verhaltensweisen Ihres Kindes so zu beschreiben, daß die meisten Ihrer Zuhörer sich davon die gleiche Vorstellung machen können, die Sie selbst haben, dann haben Sie den ersten Test hinsichtlich einer klaren und eindeutigen Verhaltensbeobachtung und Verhaltensbeschreibung gewissermaßen schon bestanden. Als Kindergärtnerin könnten Sie das Verhalten eines fünfjährigen Neuankömmlings in Ihrer Vorschulgruppe während der ersten drei Tage folgendermaßen beschreiben: Am ersten Tag weinte die Kleine etwa fünf Minuten lang und weigerte sich in dieser Zeit, ihren Mantel auszuziehen, dann aber beteiligte sie sich mit großem Eifer und Interesse am Spiel der Gruppe. Am zweiten Tag weinte sie etwa eine halbe Minute lang und sah ihrer Mutter durchs Fenster nach, bevor sie mit den anderen Kindern zu spielen begann. Am dritten Tag weinte sie gar nicht, sondern winkte ihrer Mutter zu und ging sofort an ihren Tisch, wo sie ihre Sachen auspackte. Diese Beschreibung vermittelt uns eine Reihe von Informationen über das kleine Mädchen, das sich an den Vorschulkindergarten gewöhnt. In der Schilderung wurden mißverständliche Formulierungen vermieden und nur die Verhaltensweisen der Kleinen beschrieben. Die Mutter des Kindes hätte einer Nachbarin die gleiche Begebenheit aber möglicherweise folgendermaßen erzählen können: »Anfangs machte meine Kleine im Kindergarten ein ziemliches Theater, aber nach und nach hat sie sich gut eingewöhnt.« Die hier gebrauchten Formulierungen sowohl über das Verhalten des Kindes – »machte Theater« und »gut eingewöhnt« – als auch über den Zeitablauf – »anfangs« und »nach und nach« – sind allesamt unklar. Nach der Beschreibung der Mutter kann man sich unter der Reaktion des Kindes auf den Eintritt in den Vorschulkindergarten so ziemlich alles zwischen schweren Verhaltensstörungen und der normalen Abneigung gegen die Trennung von der Mutter vorstellen.

Man sollte dabei auch bedenken, daß die eigene Einschätzung des Verhaltens anderer Schwankungen unterworfen ist und sich nicht nur im Lauf der Zeit ändern, sondern auch von einer Situation zur anderen verschieden sein kann, so daß man schon aus diesem Grunde auf Wertungen verzichten und nur das beschreiben sollte, was wirklich geschehen ist. Ein Vater betrachtet es beispielsweise als schlechtes Benehmen, wenn sein Kind Essen aufs Tischtuch kleckert, bemerkt dies aber nur dann, wenn er mit seinem Sprößling bei anderen zu Besuch ist. Der Vater erzählt dann möglicherweise, Klein-Simon habe heute bei seinem Onkel sehr schlechte Tischsitten gezeigt. Am nächsten Tag fällt dem Vater dann beim Mittagessen vielleicht nur auf, daß Simon sich ausnahmsweise nicht mit seiner Schwester gestritten hat. Er lobt den Jungen dann womöglich für sein tadelloses Benehmen, obwohl Simon beim Essen genauso gekleckert hat wie zuvor bei seinem Onkel. Hätte dieser Vater Simons Verhalten bei beiden Gelegenheiten genau beschrieben, dann wäre ihm sicher aufgefallen, daß der Junge sich in beiden Situationen gleich verhalten hatte und daß der Unterschied nur in der Wertung des Betrachters lag. Nehmen wir einmal an, die Einstellung von Simons Vater gegenüber kindlichen Tischsitten habe sich innerhalb weniger Monate aus irgendeinem Grund verändert, so daß ihm Simons Kleckerei bei Tisch, an der er zuvor so viel Anstoß genommen hatte, plötzlich nicht mehr unangenehm auffällt. Wenn dann bei der einen Gelegenheit Simons Tischmanieren gerügt werden (weil der Kleine seine Milch verschüttet hat) und das Kind einige Zeit später zu hören bekommt, heute habe es sich bei Tisch aber tadellos benommen (obwohl es genauso gekleckert hat wie zuvor), setzt man die diesbezüglichen Lernprozesse der totalen Konfusion aus. Der Vater tut so, als habe sich das Verhalten des Jungen geändert; in Wirklichkeit hat sich aber nur seine eigene Einstellung gegenüber kindlichen Tischmanieren gewandelt. Es sei daher an dieser Stelle nachdrücklich betont,

daß die Eltern ihre eigenen Verhaltensweisen ständig überprüfen und dafür sorgen müssen, daß sie in ihren Reaktionen auf die Verhaltensweisen des Kindes konsequent bleiben. Tut man dies nicht, muß man eines Tages vielleicht feststellen, daß nicht so sehr das Verhalten des Kindes als vielmehr die eigene Inkonsequenz massive Probleme schafft.
Bei den folgenden Verhaltensbeschreibungen handelt es sich um klare und unklare Definitionen dessen, was Kinder tun.

Klar	Unklar
Wolfgang hat heute vormittag auf dem Spielplatz auf drei verschiedene Kinder mit den Fäusten eingeschlagen.	Wolfgang war heute sehr aggressiv.
Am Dienstag und am Freitag hat Susanne jeweils einmal bei Tisch ihre Milch verschüttet.	Susanne kleckert beim Essen.
Willi hat heute vormittag eine halbe Stunde lang mit seiner Schwester mit Bauklötzchen gespielt.	Willi war heute vormittag sehr brav.
Marion putzt sich jeden Morgen und Abend die Zähne.	Marion kann sich schon alleine die Zähne putzen.
Toni bleibt nie länger als eine Minute sitzen, wenn man ihm eine Geschichte vorliest.	Toni ist ein sehr unruhiges Kind.

Man bekommt dabei häufig den Einwand zu hören, diese genaue Verhaltensbeobachtung und -beschreibung lasse die Eltern allzu sachlich und unpersönlich werden. Eltern, die Zeit und Mühe dafür aufbringen, sowohl ihr eigenes Verhalten als auch das ihrer Kinder genau zu beobachten und zu beschreiben, machen jedoch die Erfahrung, daß diese Methode nicht nur durch wertvolle Informationen die Eltern-Kind-Beziehung verbessern hilft, sondern auch das Verständnis der Eltern für ihr Kind und dessen Belange entscheidend erweitert. Im übrigen ist eine möglichst objektive Betrachtungsweise gegenüber unangenehmen oder irritierenden Verhaltensweisen der Kinder sicher die fairste Art der Eltern, sich damit auseinanderzuset-

zen. Das nächste Kapitel handelt davon, wie man Informationen über das Verhalten des Kindes verbal und graphisch festhält, und gibt Ihnen weitere nützliche Hinweise dafür, wie man die bei Verhaltensänderungen wirksamen Vorgänge durchschauen und ihres »Glücksspiel«-Charakters entkleiden kann.
Zum Abschluß sei zusammenfassend gesagt, daß bei mangelnder Definition des zu verändernden Verhaltens in folgenden Bereichen Probleme entstehen:
1. bei der Kommunikation mit anderen über die Schwierigkeiten des Kindes, 2. bei der Beurteilung der Frage, ob möglicherweise eine ernstere Verhaltensstörung vorliegt, und folglich auch 3. beim Versuch, das unerwünschte Verhalten zu ändern.
Die dabei entstehenden Schwierigkeiten hängen natürlich miteinander zusammen. Um sie überwinden zu können, sollten Sie sich daher darauf beschränken, bei der Verhaltensbeschreibung beobachtbare Ereignisse wiederzugeben, also schlicht zu beschreiben, was das Kind in einer bestimmten Situation getan hat. Wenn Sie das Verhalten des Kindes genau beobachtet und klar beschrieben haben, sollten Sie die folgenden Fragen mit »ja« beantworten können:

1. Ist die von Ihnen gegebene Verhaltensbeschreibung genau genug, daß zwei beliebige Hörer oder Leser sich darüber einig sind, was das betreffende Kind wirklich gemacht hat?
2. Geht aus der Verhaltensbeschreibung eindeutig hervor, wann und in welcher Form die betreffenden Verhaltensweisen begannen und endeten?
3. Ist die Verhaltensbeschreibung klar genug, um auch dann noch zuzutreffen, wenn einige Zeit vergangen ist und der »Schauplatz« der Handlung sich verändert hat?

Besprechung des Abschnitts »Was tun Sie, wenn . . .?«

1. *Klar.* Jochens unruhiges Verhalten wird so beschrieben, daß es meßbar wird (Anzahl der innerhalb eines angegebenen Zeitraums gezeigten Verhaltensweisen).

2. *Unklar.* Der Ausdruck »ungezogen« läßt zu viele unterschiedliche Interpretationen zu.

3. *Unklar.* »Vergnügt« ist eine höchst subjektive Beschreibung, die nichts darüber aussagt, was sich tatsächlich ereignet hat, und die sich weder messen noch mit künftigen oder früheren Situationen vergleichen läßt.

4. *Unklar.* Die Einschätzung kindlicher Tischmanieren kann von Familie zu Familie verschieden sein; auch hier erfahren wir nicht, was wirklich geschehen ist.

5. *Klar* – vorausgesetzt, daß wir (was allerdings wahrscheinlich ist) unter »weinen« alle das gleiche verstehen.

6. *Unklar.* Der Ausdruck »Trotzausbrüche« sagt nichts darüber aus, was Katrin konkret getan hat; wir müßten unbedingt wissen, aus welchen Einzelverhaltensweisen diese »Trotzausbrüche« jeweils bestanden haben.

Kontroll-Quiz zur Gedächtnisstütze

Beurteilen Sie bitte, ob die folgenden Aussagen klar oder unklar sind:

1. Karins Lehrerin sagte, die Kleine habe während der Lesestunde fünfmal geantwortet, ohne sich vorher zu melden.
2. Willi hat beobachtet, daß nach Versammlungsbeginn noch vier Personen den Saal betraten.
3. Susannes Lehrer sagt, das wichtigste Lernziel sei im Literaturkundeunterricht die Entwicklung von Sinn und Verständnis für die Dichtung.
4. Heinz hat sich wieder einmal ziemlich aufgespielt und dauernd versucht, bei seinen Eltern Aufmerksamkeit zu erregen, während diese sich mit ihren Gästen unterhielten.

Antworten: 1: klar; 2: klar; 3: unklar; 4: unklar

5. Aufzeichnung der Verhaltensweisen

Was würden Sie tun?

Wählen Sie bitte für die vier Beispiele von problematischem Verhalten eine der unter A, B und C angegebenen Informationsarten aus.

A *Wie oft* die betreffenden Verhaltensweisen auftreten.
B *Wie lange* diese Verhaltensweisen andauern.
C *Wieviel seiner Zeit* das Kind mit diesen Verhaltensweisen verbringt.

1. Ihr Kind schreit immer nach Ihnen, wenn Sie es ins Bett gebracht und sein Zimmer verlassen haben.
   Notieren Sie A, B oder C!
2. Ihr Kind tut nie, was man ihm sagt.
   Notieren Sie A, B oder C!
3. Ihr Kind läßt ständig seine Kleider herumliegen.
   Notieren Sie A, B oder C!
4. Ein extremes Beispiel: Ihr Kind kann nicht stillsitzen und sich nicht konzentrieren, so daß Sie sich große Sorgen um seine Fähigkeit machen, eine begonnene Aufgabe zu Ende zu führen.
   Notieren Sie A, B oder C!

Wenn man die Notwendigkeit erkannt hat, die zu verändernden Verhaltensweisen genau zu beobachten und zu beschreiben, muß man noch einen Schritt weiter gehen, um einen festen Bezugspunkt zu schaffen, von dem aus das Verhalten des Kindes beeinflußt werden kann. Ohne schriftliche Aufzeichnungen darüber, wie sich das Kind vor dem Beginn entsprechender Änderungsversuche verhält, kann man später nämlich nie genau wissen, ob man auch Erfolg gehabt hat. Aufzeichnungen über die Verhaltensweisen vor, während und nach den Änderungsversuchen sind daher unerläßlich. Die hier vorge-

Antworten: 1: B; 2: C; 3: A; 4: B

schlagenen Aufzeichnungsmethoden erleichtern es den Eltern außerdem, das problematische Verhalten ihres Kindes aus der richtigen Perspektive zu betrachten, so daß sie es, vielleicht zum erstenmal, so sehen wie andere. Die wenigsten Eltern haben so viel Abstand zu ihren Kindern, daß ihnen an sich ganz offensichtliche Zusammenhänge zwischen ihrem eigenen Verhalten und dem ihrer Kinder auch immer auffallen müßten. In diesem Kapitel werden auch noch einige andere Gründe für genaue Verhaltensbeobachtung und Verhaltensbeschreibung bei Kindern besprochen und dargelegt, weshalb es so wichtig ist, sich um eine Reihe von Verhaltensproblemen zu kümmern.

Das Sammeln von Informationen

Wenn Sie das Verhalten Ihres Kindes klar definiert und beschrieben haben, können Sie dazu übergehen, typische Merkmale dieser Verhaltensweisen aufzuzeichnen. Dafür gibt es je nach Sachverhalt eine Reihe verschiedener Methoden, von denen wir uns zunächst einige ansehen wollen, bevor wir überlegen, wie und was man in der jeweiligen Situation am besten aufzeichnet.

1. Häufigkeit

Sich zu notieren, wie oft das Kind in einem bestimmten Zeitraum etwas Bestimmtes tut, ist ganz allgemein die nützlichste Aufzeichnungsmethode. Manche Verhaltensweisen treten vielleicht sehr häufig auf, etwa Schreien, Beißen, Umsichschlagen; andere dagegen sind gerade deshalb ein Problem, weil sie zu selten vorkommen, etwa Aufräumen, Schularbeiten machen usw. Aufzeichnungen darüber, wie oft eine bestimmte Verhaltensweise auftritt, eignen sich also für beide Arten von Verhaltensweisen.

Wenn man mitzählt, wie oft ein Kind etwas tut, sollte man sorgfältig darauf achten, daß die vom Kind gezeigte Verhaltensweise unabhängig vom Verhalten der Eltern ist. Wenn Sie beispielsweise herausfinden wollen, wie unfolgsam Ihr Kind ist, dann ist es unter Umständen sehr unzweckmäßig und irreführend, einfach zu zählen, wie oft das Kind Ihre Anweisungen befolgt. Das Ergebnis hängt nämlich weitgehend von Art und Anzahl Ihrer Anweisungen ab. Es kann auch passieren, daß Sie unwillkürlich nur solche Anweisungen geben, von denen Sie wissen, daß Ihr Kind sie befolgen wird, oder aber solche, bei denen Sie ziemlich sicher sind, daß Ihr Kind sie ignoriert. Ihre Aufzeichnungen sagen dann möglicherweise sehr viel mehr über Ihre eigenen Gewohnheiten aus als darüber, wie Ihr Kind darauf reagiert.

Wenn man zählen will, *wie oft* ein Kind etwas Bestimmtes tut, geht man am besten folgendermaßen vor: Man schreibt die klar definierten Verhaltensweisen des Kindes ganz oben auf ein Blatt Papier (jede in eine eigene Zeile) und hält in Form einer Strichliste jeden Tag fest, wie oft die einzelnen Verhaltensweisen auftraten. Das folgende Beispiel soll dieses Verfahren verdeutlichen.

Woche vom 20.–26. Januar 19. . .	*Name des Kindes: Hans*
Verhaltensweisen, die beobachtet werden sollen:	*Aufzeichnungs- und Beobachtungszeitraum:*
1. Hans schlägt andere Kinder	Ganztags
2. Hans schreit	Ganztags
3. Hans wirft mit Gegenständen (außerhalb entsprechender Spielphasen)	Ganztags

Montag, 20. Januar	insgesamt	Bemerkungen
1. 卌 卌 卌	1. *15*	normaler Tagesablauf
2. 卌 卌 ||	2. *12*	
3. 卌 ||	3. *7*	
Dienstag, 21. Januar		
1. 卌 卌 |||	1. *13*	Nachmittagsspaziergang im Park
2. 卌 |	2. *6*	
3. |||	3. *3*	
Mittwoch, 22. Januar		
1. 卌 卌 卌 |||	1. *18*	Besuch (mit Kleinkind)
2. 卌 卌 卌 卌 卌 卌 卌	2. *35*	
3. 卌 卌 |	3. *11*	
Donnerstag, 23. Januar		
1. 卌 卌 |	1. *11*	normaler Tagesablauf
2. 卌 卌 |	2. *11*	
3. 卌 |||	3. *8*	

Freitag, 24. Januar		
1. 𝍸 𝍸 𝍸 𝍸 ||	1. *22*	normaler Tagesablauf
2. 𝍸 𝍸 ||||	2. *14*	
3. ||||	3. *4*	
Samstag, 25. Januar		
1. 𝍸 𝍸 𝍸 |||	1. *18*	zum Einkaufen in die Stadt gefahren
2. ||||	2. *4*	
3. 𝍸 |	3. *6*	
Sonntag, 26. Januar		
1. 𝍸 𝍸 𝍸 |	1. *16*	Kirchgang und Mittagessen im Lokal
2. ||||	2. *4*	
3. ||	3. *2*	

Die Ergebnisse für Montag zeigen, daß Hans fünfzehnmal zugeschlagen, zwölfmal geschrieen und siebenmal mit Gegenständen um sich geworfen hat. Wenn man dies zusammen mit den anderen Tagen sieht, bekommt man eine erste Vorstellung von Häufigkeit und Ausmaß des Problems sowie von den Umständen, die das Verhalten beeinflussen.

2. Dauer

Aufzeichnungen über die Dauer einer Verhaltensweise sind bei »erwünschten« wie bei »unerwünschten« Verhaltensweisen möglich. Man kann zum Beispiel festhalten, wie lange sich das Kind auf eine bestimmte Aufgabe seiner Schularbeiten konzentriert oder wie lange das Kind in einem Trotzausbruch weint oder schreit. Das Ziel der Verhaltensänderung besteht dann darin, diese Zeitspannen jeweils zu verlängern oder zu verkürzen. Man braucht sich für seine Aufzeichnungen einfach nur zu notieren, wie lange die betreffende Verhaltensweise andauert. Nehmen wir ein Beispiel: Bernd hatte jeden Morgen Schwierigkeiten, einigermaßen rechtzeitig für die Schule fertigzuwerden. Er brauchte für alles, was er tat, sehr lange und vergaß über einem Buch oder Spiel oft völlig, was er eigentlich tun sollte. Bernds Mutter hatte es restlos satt, den Jungen jeden Morgen »antreiben« zu müssen, damit er pünktlich zur Schule kam. Bevor sie daranging, Bernds Verhalten zwischen Aufstehen und Schulgang zu ändern, wollte sie erst einmal feststellen, wie lange der Junge morgens brauchte, bis er fertig war. Die entsprechenden Aufzeichnungen über den Zeitraum einer Woche sahen folgendermaßen aus:

Woche vom 19.–23. Juli 19. . .

Beobachtetes Verhalten: Fertigmachen zur Schule	*Beobachtungszeitraum:* morgens
Montag	*Bemerkungen*
7.00–8.35 = 95 Minuten	
Dienstag	
7.00–8.50 = 110 Minuten	Bernd spielte in seinem Zimmer mit einem Puzzle
Mittwoch	
7.00–9.00 = 120 Minuten	Bernd spielte mit Hund
Donnerstag	
7.10–8.30 = 80 Minuten	
Freitag	
7.00–8.40 = 100 Minuten	Bernd ließ im Waschbecken ein Schiffchen schwimmen

Diese über eine Woche gehenden Beobachtungen zeigen, wie sehr Bernd morgens trödelt und weshalb er an manchen Tagen noch länger braucht als an anderen. Es wäre natürlich sehr nützlich, wenn man darüber hinaus noch weitere Informationen hätte, z. B. über das Anziehen, Frühstück und die von Bernds Mutter angewandten Methoden, den Jungen vom Herumtrödeln abzuhalten. Die vorliegende simple Darstellung des morgendlichen Zeitablaufs ermöglicht es der Mutter aber immerhin schon, später ganz genau festzustellen, ob die neue Methode, Bernd das Trödeln abzugewöhnen, die lange Anlaufzeit am Morgen tatsächlich verkürzt.

3. Ausmaß

Hier wird der Zeitanteil aufgezeichnet, der von einer möglichen Gesamtzeit auf ein bestimmtes Verhalten verwendet wird. Wenn Sie beispielsweise feststellen wollen, in welchem Umfang sich Ihr Kind an Gemeinschaftsaufgaben innerhalb der Familie beteiligt, dann schreiben Sie einfach eine Reihe der von Ihnen am häufigsten an das Kind gerichteten Bitten, Aufforderungen und Anweisungen auf. Bei kleinen Kindern muß man unter Umständen erst einmal eine Situation schaffen, in der man die Bereitschaft des Kindes zur Zusammenarbeit mit anderen (etwa die Beteiligung an einem bestimmten Spiel) testet. Man verwendet dabei immer wieder die gleiche Serie von Anweisungen und setzt dabei jeweils eine bestimmte Zeit fest, innerhalb derer die betreffende Anweisung befolgt sein soll. Diese Zeitgrenze verändert sich je nach Art der an das Kind gerichteten Bitte oder Anweisung.

Ein weiteres Beispiel wird dies noch etwas verdeutlichen. Monikas Eltern klagen darüber, daß man der Kleinen immer alles erst »hundertmal« sagen muß, bevor sie überhaupt zuhört. Wenn man sie etwa ein paarmal auffordert, mit dem Spielen Schluß zu machen und ins Haus zu kommen, reagiert sie anfangs gar nicht; sie folgt ihren Eltern auch nicht, wenn diese sie zum Essen rufen, und kommt daher meist zu spät zu Tisch. Auch die Aufforderung, schlafen zu gehen, ignoriert sie erst eine Weile, bis sie sie dann endlich nach mehreren Wiederholungen befolgt. Man könnte nun wie in der folgenden Darstellung notieren, wie oft Monika einer Bitte oder Aufforderung gleich beim erstenmal nachkommt.

Wie wir anhand der Graphik sehen, war Monika immer bereit, einkaufen zu gehen (1), kam aber nur ein einziges Mal bei der ersten Aufforderung vom Spielen herein (2). Wenn man sie ins Bett schickte, reagierte sie selten sofort (4), und ihre Kleider wollte sie auch nicht aufräumen (5). Sie half aber meistens beim Tischdecken (3), machte es aber in zwei von drei Fällen nicht richtig. Am Abend des 21. Januar war sie aus irgendeinem Grund besonders willig, so daß man unbedingt nachprüfen sollte, welche besonderen Umstände zu diesem Verhalten geführt haben.

Aufzeichnungen über den zeitlichen Anteil erwünschter und unerwünschter Reaktionen verwendet man besonders häufig dann, wenn man einem Kind etwas Neues beibringen oder ihm über besondere Schwierigkeiten (etwa Sprachstörungen) hinweghelfen will. In solchen Situationen gibt man dem Kind eine Anweisung und wartet auf seine Reaktion. Das Kind kann dann mit der gewünschten Verhaltensweise reagieren, keinerlei Reaktion zeigen oder aber zu dem gewünschten Verhalten ansetzen, es aber nicht ganz richtig machen.

Monikas Reaktion auf Anweisungen

Anweisung	20. Jan. v	20. Jan. n/a	21. Jan. v	21. Jan. n/a	22. Jan. v	22. Jan. n/a	23. Jan. v	23. Jan. n/a
1. Bitte, geh für mich einkaufen!		+		+		+		+
2. Schluß mit Spielen – komm rein!	0	0	0	+	0	0	0	0
3. Bitte, hilf mir den Tisch decken!		–		+		–		0
4. Rauf mit dir ins Bett!		0		+		0		0
5. Bitte, räum' deine Kleider auf!	0	0	0	+	0	+	+	0

v = vormittags
n/a = nachmittags und abends
0 = keine Reaktion
\+ = gewünschte Reaktion
– = Reaktion, aber nicht ganz die richtige

Nun wollen wir uns ein Beispiel ansehen, in dem dieses Verfahren dazu verwendet wird, einem Kleinkind beim richtigen Sprechen zu helfen. Da sich bei dem kleinen Matthias eine leichte Sprachstörung zeigte, wurden an einem Tag zehn Versuche des Jungen, die drei in seiner Familie vorkommenden Namen auszusprechen, notiert und in folgender Übersicht zusammengestellt:

Namen nachsprechen: *20. Januar 19. . .*

	1	2	3	4	5	6	7	8	9	10	%
»Mama«	+	+	0	–	/	/	/	+	/	+	40
»Papa«	0	0	/	/	0	/	+	/	+	+	30
»Peter«	0	/	/	/	+	+	/	+	0	+	40

\+ = richtig
/ = nicht ganz einwandfrei
– = falsch
0 = keine Reaktion

Die Aufstellung zeigt, daß Matthias zu diesem Zeitpunkt die drei Namen in 30–40% der Fälle richtig aussprechen kann. Weitere Fortschritte lassen sich dann durch den Vergleich mit den vorliegenden Werten leicht feststellen.
Soweit die wichtigsten und einfachsten Aufzeichnungsmethoden. Wenn man bestimmte Verhaltensweisen eines Kindes ändern will, muß man zunächst einmal wissen, was das Kind bisher getan hat und welche Auswirkungen die eigenen Reaktionen darauf beim Kind haben. Bevor Sie aber weiterblättern und nachsehen, wie man Verhaltensänderungen zuwege bringt, soll noch auf zwei wichtige Gesichtspunkte hingewiesen werden:

1. Schriftliche Aufzeichnungen über bestimmte Verhaltensweisen der Kinder sind für die meisten Eltern etwas völlig Neues. Werfen Sie daher nicht gleich die Flinte ins Korn, wenn Ihnen das Mitzählen und Mitschreiben anfangs zu mühsam, schwierig und aufwendig erscheint, sondern geben Sie dieser Methode die Chance, sich als nützlich zu erweisen.

2. Manche Eltern erschweren sich die Arbeit unnötig, weil sie es nicht abwarten können, mit der Verhaltensänderung zu beginnen. Es empfiehlt sich, zunächst einmal eine genaue »Bestandsaufnahme« darüber zu machen, was vor dem Einsatz verhaltensändernder Maßnahmen geschieht und welche Formen der Wechselwirkung man dabei dem Kind gegenüber selbst an den Tag legt. Dann erst ist man wirklich in der Lage, das Verhalten des Kindes genau zu beobachten und zu registrieren. Man sollte aber auch noch an folgende Faktoren denken und sie bei seinen Aufzeichnungen berücksichtigen:

a) *Die Umgebung,* in der das Kind bestimmte unerwünschte Verhaltensweisen zeigt. Manche Kinder zeigen bestimmte Unarten beispielsweise nur zu Hause oder nur im Kindergarten oder in der Schule; andere dagegen bieten diese unerwünschten Verhaltensweisen in jeder Umgebung. Die äußere Situation, in der sich das störende Verhalten abspielt, muß also bei der Suche nach Abhilfemöglichkeiten unbedingt berücksichtigt werden.

b) *Die Umstände oder Bedingungen,* unter denen bestimmte Verhaltensweisen auftreten, sind ebenfalls von Fall zu Fall verschieden. Manche Kinder zum Beispiel machen ihren Eltern besonders große Schwierigkeiten, wenn gerade Besuch da ist oder wenn die Reihe an sie kommt, im Haushalt mitzuhelfen. Wenn man die Bedingungen, unter denen das zu verändernde Verhalten auftritt, regelmäßig mit den anderen Daten notiert, kann man schnell und zuverlässig feststellen, welche Umstände das Problem gewöhnlich auslösen.

c) *Die unmittelbaren Folgen* des unerwünschten Verhaltens sind für die künftigen Verhaltensweisen des Kindes von größter Bedeutung. Wie Sie sich von früheren Kapiteln her erinnern werden, ist es entscheidend wichtig, »angemessene« oder erwünschte Verhaltensweisen des Kindes zu verstärken. Es ist Ihnen vielleicht auch im Gedächtnis geblieben, daß unter bestimmten Bedingungen auch durchaus unvorhergesehene und unerfreuliche Dinge verstärkt werden können. Kinder provozieren manchmal eine Tracht Prügel, wenn das die einzige Möglichkeit ist, Vaters Aufmerksamkeit zu erregen. Sie begehen kleine Diebstähle nicht so sehr wegen der dadurch erlangten Dinge, als vielmehr, weil sie für solche »Heldentaten« bei ihren Freunden größte Beachtung finden. Wenn Sie Ihre eigenen Reaktionen auf das Verhalten Ihres Kindes einer genauen Prüfung unterziehen, werden Sie häufig feststellen, daß Sie die »schlechten Angewohnheiten« Ihres Sprößlings durch besondere Aufmerksamkeit am falschen Platz geradezu verewigen. In vielen Familien hat die bloße Verhaltensbeobachtung und Verhaltensbeschreibung den Eltern entweder gezeigt, daß die vermeintliche Verhaltensstörung des Kindes völlig unbedeutend ist, oder ihnen sehr schnell klarwerden lassen, auf welchem Wege sich das Problem lösen läßt. Manchen Formen unerwünschten Verhaltens bei Kindern ist allerdings nicht so leicht beizukommen, und für eben diese Fälle sind genaue Beobachtungen und Aufzeichnungen ganz besonders wichtig.

Sobald Sie sich darüber klargeworden sind, welche Verhaltensweisen Ihres Kindes Sie ändern möchten, besteht der nächste Schritt in der Auswahl des geeigneten Aufzeichnungsverfahrens. Wenn Sie sich beispielsweise Notizen über die Trotzausbrüche Ihres Sprößlings machen, interessiert Sie höchstwahrscheinlich, wie oft das Kind in Wutgeschrei ausbricht und wie lange dieses jeweils dauert. Eltern können aber nicht ständig mit Papier und Bleistift herumlaufen und mit gezückter Feder auf den nächsten Trotzausbruch ihrer Kinder warten. Man muß sich daher fragen, wie man die Verhaltensbeobachtung und Verhaltensbeschreibung vernünftig und praktikabel gestalten kann.

Zuallererst müssen Sie sich darüber klarwerden, wie und wann Sie sich Notizen machen. Wenn das Wutgebrüll Ihres Sprößlings relativ selten, dann aber über einen längeren Zeitraum hinweg erschallt, kann es zunächst völlig ausreichen, wenn Sie sich die Dauer des Geheuls notieren. Über diese Art von Geschrei sollte man den ganzen Tag über Buch führen und dazu vermerken, um welche Zeit der Wutausbruch anfängt und aufhört. Auf diese Weise weiß man am Abend gleichzeitig genau über die Häufigkeit der kindlichen Zornanfälle Bescheid. Erfolgt das Gebrüll dagegen sehr häufig und in Form von kurzen, heftigen Ausbrüchen, dann braucht man es nur über einen kurzen Zeitraum hinweg aufzuzeichnen. Man kann sich täglich zu einer bestimmten Stunde darüber Notizen machen; sammelt und notiert man seine Daten eine Zeitlang konsequent und regelmäßig, so bekommt man bald ein recht genaues Bild über Art und Ausmaß des unerwünschten Verhaltens. Man kann sich das Auszählen und Zeitnehmen ganz wesentlich erleichtern, wenn man dabei stets eine Uhr und irgendein Zählgerät griffbereit hat, um Anzahl und Dauer der kindlichen Wutanfälle oder sonstiger Verhaltensweisen ohne großen Aufwand festhalten zu können.

Zum Schluß sei nochmals darauf hingewiesen, daß man sich unbedingt *vor* entsprechenden Maßnahmen zur Verhaltensänderung Notizen über das jeweilige Verhalten des Kindes machen sollte. Setzen Sie diese Aufzeichnungen so lange fort, bis Sie mit Sicherheit ein genaues Bild von diesen Verhaltensabläufen haben, und beschränken Sie Ihre Verhaltensbeschreibung auf keinen Fall nur auf bestimmte Tage oder gar ungewöhnliche Ereignisse. Sie tun außerdem gut daran, Ihr Kind nicht merken zu lassen, daß Sie sich Notizen über sein Verhalten machen – zumindest nicht in dieser Phase.

Das in der folgenden Aufstellung verwendete Zählverfahren kann Ihnen eine nützliche Vorlage bieten; an besonders arbeitsreichen Tagen wird man nämlich für ausführlichere Methoden der »Berichterstattung« ohnehin nicht die Zeit aufbringen. Wir wollen diese Methode das Intervall-Zählverfahren nennen. Es ist ganz einfach, wie anhand des schon am Anfang des Kapitels verwendeten Beispiels Hans klarwerden wird. Erinnern Sie sich noch, wie oft Hans brüllte? Das Gesamtergebnis der einzelnen Wochentage lautete: 12, 6, 35, 11, 14, 4 und 4. Man muß sich einmal vorstellen, wie schwierig es zum Beispiel am Mittwoch, als Besuch im Haus war, gewesen sein mußte, genau mitzuzählen. Die Mutter hatte in der Küche zu tun, nebenbei den Besuch zu unterhalten und überhaupt den Haushalt zu bewältigen, und mußte währenddessen über des Geschrei ihres Sprößlings Buch führen. Das ist offensichtlich gar nicht so einfach. Die Mutter hätte in dieser Situation aber auch darauf verzichten können, jeden einzelnen Vorfall mitzuzählen und aufzuschreiben (wofür man einfach häufig nicht die Zeit hat), und statt dessen lediglich festhalten können, in welchen 30-Minuten-Phasen Hans geschrieen oder nicht geschrieen hat. Dabei spielt es dann keine Rolle, ob der Kleine innerhalb einer halben Stunde einmal oder zehnmal zu brüllen anfing; der betreffende Zeitabschnitt erhält einfach einen »Schreipunkt«. Das Ganze sieht dann etwa so aus:

Mittwoch (Uhrzeit)	geschrieen	nicht geschrieen
7.00– 7.30		×
7.30– 8.00		×
8.00– 8.30	×	
8.30– 9.00	×	
9.00– 9.30		×
9.30–10.00	×	
10.00–10.30		×
10.30–11.00		×
11.00–11.30	×	
11.30–12.00		×
12.00–12.30	×	
12.30–13.00	×	
13.00–13.30	×	
13.30–14.00	×	
14.00–14.30	×	
14.30–15.00	×	
15.00–15.30	×	
15.30–16.00	×	
16.00–16.30	×	
16.30–17.00	×	
17.00–17.30	×	
17.30–18.00	×	
18.00–18.30	×	
18.30–19.00	×	
19.00–19.30	×	
19.30–20.00	×	
20.00–20.30	×	
20.30–21.00		×
21.00–21.30		×
21.30–22.00		×
Insgesamt	21	9

Eine Kurzfassung dieses Berichtes sähe dann folgendermaßen aus:

Geschrei von Hans – Mittwoch – 30-Minuten-Intervalle

	7	8	9	10	11	12	13	14	15	16	17	18	19	20
1. halbe Std.		×			×	×	×	×	×	×	×	×	×	×
2. halbe Std.		×	×			×	×	×	×	×	×	×	×	

Nach diesem Verfahren hätte Hänschens Geschrei innerhalb von sieben Tagen die Werte 8, 4, 21, 7, 10, 3 und 4 ergeben.
Wenn die Mutter sich nur jeweils für eine volle Stunde notiert hätte, ob Hans in dieser Zeit schrie oder nicht, hätte sie das Ergebnis 5, 3, 12, 3, 6, 2 und 3 erhalten. Größere Zeiträume, wie etwa der ganze Morgen, Nachmittag oder Abend, hätten sehr viel weniger aussagekräftige Informationen geliefert.
Wir wollen uns die Informationen, die Hänschens Mutter mit Hilfe der verschiedenen Aufzeichnungsverfahren gesammelt hat, einmal im Vergleich miteinander ansehen. Vielleicht wird es dann klarer, welche Methode uns einerseits genügend Informationen über das Verhalten des Kindes gibt, andererseits aber auch nicht zu aufwendig und zeitraubend ist.

	Gesamtzahl	halbstündige Intervalle	einstünd. Intervalle	Vormittag Nachmittag Abend
Montag	12	8	5	2
Dienstag	6	4	3	2
Mittwoch	35	21	12	3
Donnerstag	11	7	3	2
Freitag	14	10	6	2
Samstag	4	3	2	2
Sonntag	4	4	3	2

Wir werden auf diese Information später noch einmal zurückkommen und sie dann in Form einer graphischen Darstellung bringen, damit Sie sich ein Bild davon machen können. Vorläufig sei nur soviel gesagt, daß Aufzeichnungen über das Verhalten des Kindes in halbstündigen oder einstündigen Intervallen hinreichende Informationen über die betreffenden Verhaltensabläufe liefern. Es ist daher in diesem Fall auch nicht nötig, jede Einzelheit festzuhalten. Es gibt aber sicher Situationen, in denen Ihnen eine genaue »Buchführung« wichtig sein mag. Bei einiger Übung werden Sie aber sicher die jeweils geeignetste Aufzeichnungsmethode herausfinden.

Graphische Darstellungen

Die gesammelten Informationen über Verhaltensweisen des Kindes lassen sich viel leichter überblicken und auswerten, wenn man sie in gedrängter Form zusammenstellt. Die übersichtlichste Darstellung dessen, was geschieht, ist das Diagramm, das einem Aufschluß über die erzielten Fortschritte

bietet. Im folgenden Abschnitt werden einige einfache Formen der graphischen Darstellung behandelt und anhand von Beispielen für jeden Aufzeichnungstypus verdeutlicht. Es ist nämlich denkbar einfach, sich die ermittelten Werte von Tag zu Tag in Form einer Kurve anschaulicher zu machen.

Für eine graphische Darstellung benötigt man zwei Grundinformationen: Angaben darüber, »wann« das Kind die Ihnen bedenklich erscheinende Verhaltensweise jeweils gezeigt hat und »wieviel« davon festzustellen war, d. h. welches Ausmaß diese Verhaltensweise hatte. Das folgende Beispiel soll das verdeutlichen.

Zeichnen Sie bitte eine waagrechte Linie auf ein Blatt Papier und unterteilen Sie diese Linie in bezifferte Abschnitte, die eine entsprechende Anzahl von Tagen wiedergeben.

1 2 3 4 5 6 7 8 9 10 11 12 13 14

Dies steht jetzt für einen Zeitraum von zwei Wochen, innerhalb dessen sich die aufgezeichneten Ereignisse abgespielt haben. Als nächstes ziehen wir eine senkrechte Linie und unterteilen sie in Abschnitte, die für das Ausmaß der vom Kind während der einzelnen Tage gezeigten Verhaltensweise stehen. Die Numerierung ist je nach der Art der Aufzeichnung verschieden.

Nehmen wir beispielsweise Hänschens Geschrei als die zu erfassende Verhaltensweise. Das Ausmaß des Geschreis mißt man am besten anhand der Anzahl von Schreiausbrüchen, die innerhalb einer bestimmten Zeit aufgetreten sind (wir haben hier eine Maßeinheit von jeweils einem Tag gewählt). Für die Aufzeichnung von Hänschens Verhalten haben wir in der folgenden Darstellung mehrere Fassungen der senkrechten Linie für Sie aufgeführt:

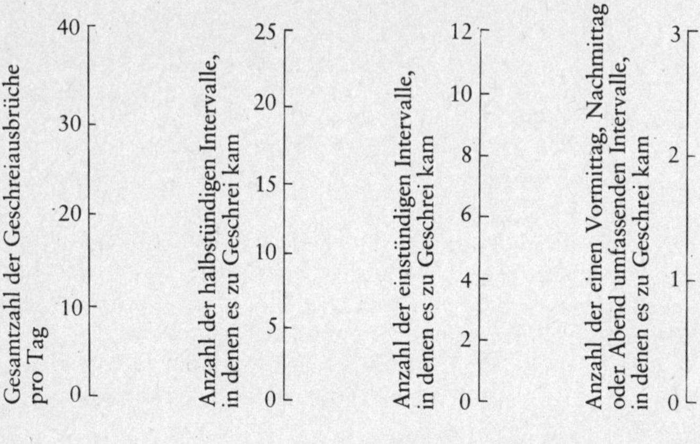

Als nächstes wollen wir die Informationen über das »Wann« und das »Wieviel« in einer graphischen Darstellung zusammenfassen, die uns in diesem Fall die Anzahl der Geschrei-Ausbrüche pro Tag über einen Zeitraum von zwei Wochen hinweg anschaulich vor Augen führen kann. Wie Sie sich vielleicht erinnern werden, betrug die Rate von Hänschens Geschrei in der ersten Woche 12, 6, 35, 11, 14, 4, 4 (also an sieben aufeinanderfolgenden Tagen).
Zeichnen Sie zunächst eine waagrechte und eine senkrechte Linie, die Sie in der oben erklärten Art beziffern. Zur Festlegung des ersten Punktes in dem so entstandenen Koordinatensystem halten Sie dann den Zeitpunkt fest, an dem Hans während der Aufzeichnungsphase zum ersten Mal geschrieen hat (Montag, 1. Tag), sowie die Häufigkeit, mit der dieses Verhalten am 1. Tag aufgetreten ist (zwölfmal). Ziehen Sie dann jeweils eine Linie durch die Markierung für den ersten Tag nach oben und durch den Markierungspunkt 12 nach rechts; der Schnittpunkt dieser beiden Linien ergibt dann den richtigen Wert für diese Einzelinformation.

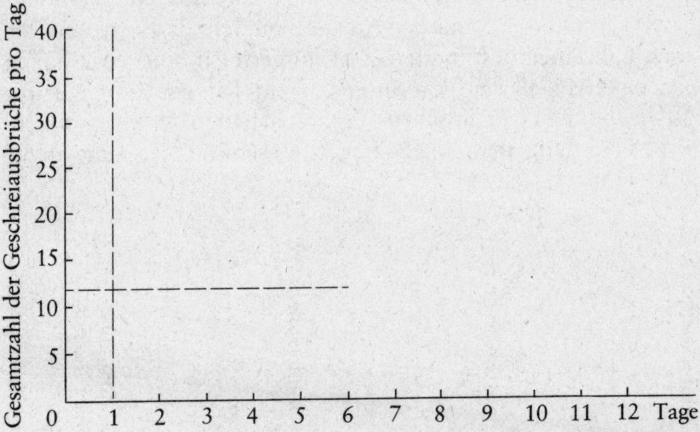

Wenn Sie dieses Verfahren für die folgenden Tage wiederholen, werden Sie sehr bald ohne die Hilfslinien auskommen und jeweils nur die Punkte einzeichnen, die für die Anzahl der Geschrei-Ausbrüche an dem betreffenden Tag stehen.
Sind erst einmal einige Punkte in das Diagramm eingezeichnet, können Sie diese durch eine Linie miteinander verbinden. Sie

erhalten dann eine Kurve, die die Veränderungen in dem Tag für Tag aufgezeichneten Verhalten des Kindes wiedergibt.

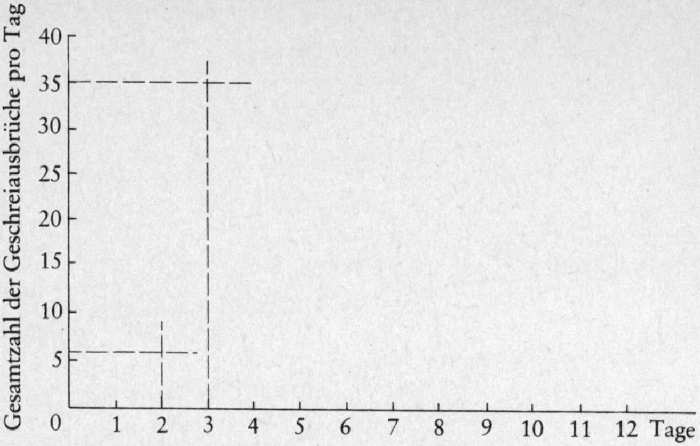

Die graphische Darstellung von Hänschens Geschrei über den Zeitraum einer Woche sieht folgendermaßen aus:

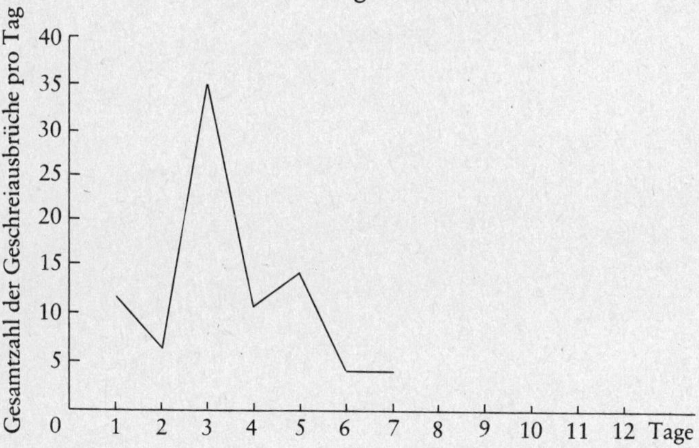

Die gleiche Information, dargestellt in halbstündigen, einstündigen oder über jeweils einen Vormittag, Nachmittag oder Abend reichenden Intervallen, ergeben die Kurven auf S. 64.
Bei einem Vergleich der graphischen Darstellungen werden Sie feststellen, daß die einfachste Aufzeichnungsmethode, die trotzdem noch brauchbare Informationen erkennen läßt, die Aufzeichnung in einstündigen Intervallen ist. Dieses Verfahren

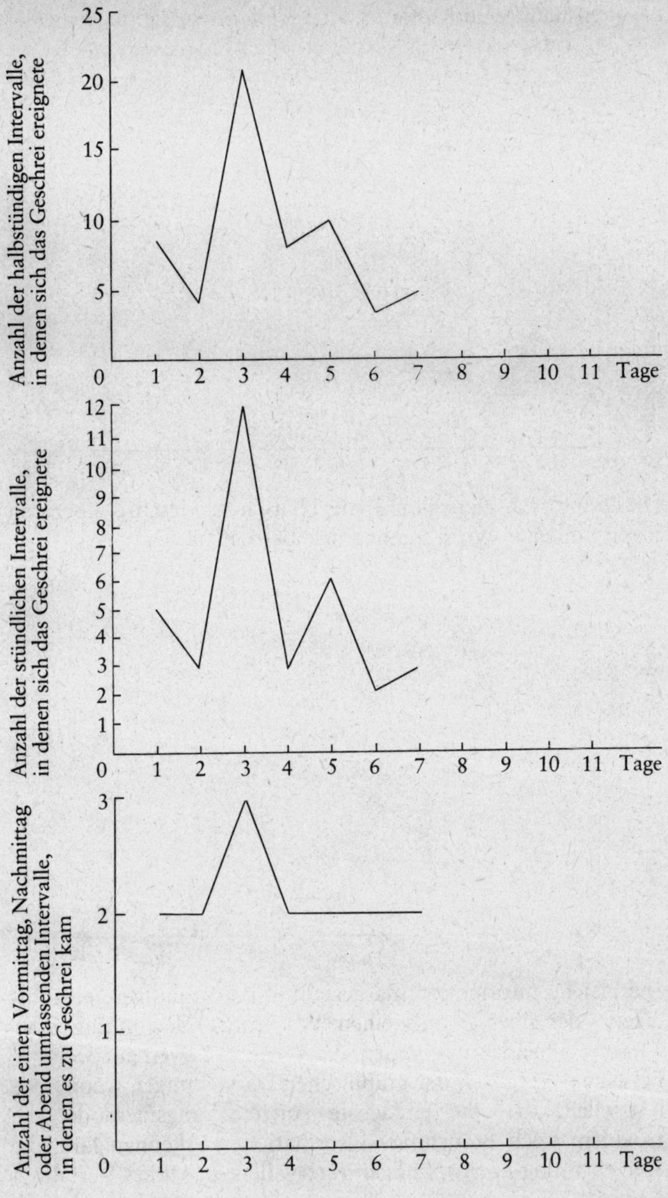

Anzahl der halbstündigen Intervalle, in denen sich das Geschrei ereignete
25
20
15
10
5
0
1 2 3 4 5 6 7 8 9 10 11 Tage
Anzahl der stündlichen Intervalle, in denen sich das Geschrei ereignete
12 11 10 9 8 7 6 5 4 3 2 1
0
1 2 3 4 5 6 7 8 9 10 11 Tage
Anzahl der einen Vormittag, Nachmittag oder Abend umfassenden Intervalle, in denen es zu Geschrei kam
3
2
1
0
1 2 3 4 5 6 7 8 9 10 11 Tage

muß aber nicht unbedingt auch für andere Verhaltensbeschreibungen das beste sein. Nehmen wir dazu einige Beispiele.
Vor dem Versuch, Hänschens Verhalten zu verändern, hatte sich die Mutter des Jungen Notizen darüber gemacht, wie oft der Kleine seine Geschwister schlug:

20. Januar: 15mal
21. Januar: 13mal
22. Januar: 18mal
23. Januar: 11mal
24. Januar: 22mal
25. Januar: 18mal

In graphischer Darstellung sah das so aus:

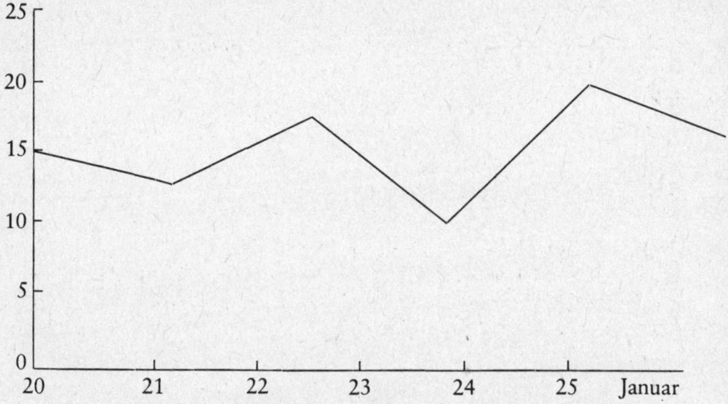

Die Informationen aus dem Beispiel auf Seite 51 über Bernds Trödelei am Morgen ergäbe folgende Kurve:

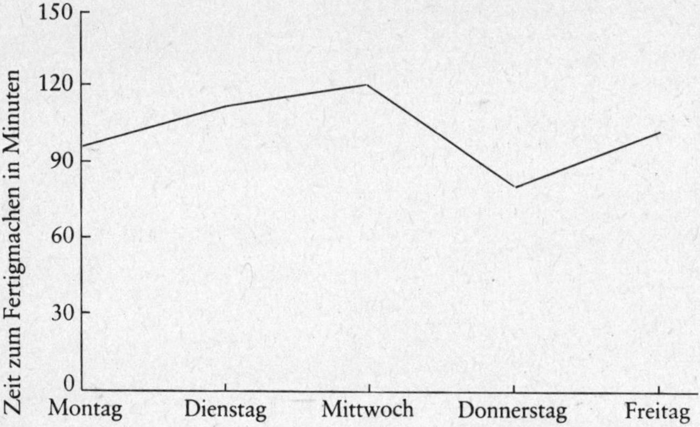

Die Aufzeichnungen darüber, wie oft Matthias (S. 53f.) die drei in seiner Familie vorkommenden Namen richtig aussprach, ergaben 40% für »Mama«. Nehmen wir einmal an, der Kleine habe bei ähnlichen Situationen an den folgenden Tagen in rund 30% seiner diesbezüglichen Sprachversuche »Mama« richtig gesagt, am dritten Tag 50% erzielt, am vierten 70% und am fünften ebenfalls 70%. Die Leistungskurve des kleinen Matthias ergäbe dann folgendes Bild:

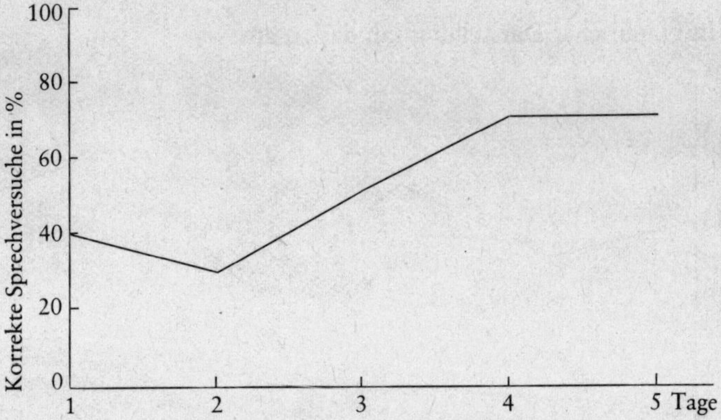

Schließlich sei noch ein weiterer, nützlicher Hinweis für die Aufstellung einer übersichtlichen graphischen Darstellung angefügt: Markieren Sie durch eine gestrichelte Linie den Zeitpunkt, an dem Sie mit Ihren Versuchen beginnen:

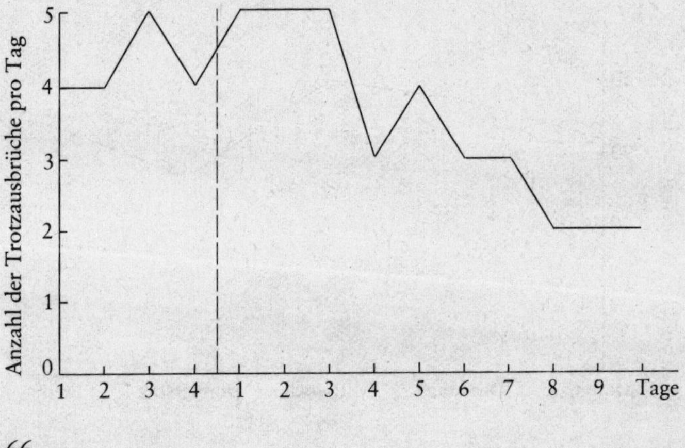

Wie schon an anderer Stelle betont, kann das Zusammentragen und Aufzeichnen der Verhaltensweisen Ihres Kindes für Sie eine höchst nützliche und aufschlußreiche Erfahrung sein, die sich möglicherweise allein schon für Sie lohnt. Es bildet auf jeden Fall die einzige solide Grundlage, von der aus Sie Ihrem Kind beim Aufbau neuer Fertigkeiten und bei einer in jeder Hinsicht sinnvollen Anpassung an die Umweltgegebenheiten helfen können.

Zusammenfassung der wichtigsten Informationen aus diesem Kapitel

1. Sobald die Probleme Ihres Kindes klar definiert sind, können Sie damit beginnen, die entsprechenden Verhaltensweisen systematisch aufzuzeichnen.
2. Die von den Eltern am häufigsten verwendete Aufzeichnungsform besteht jeweils in der zahlenmäßigen Feststellung, wie oft das Kind etwas Bestimmtes tut.
3. Oft braucht man aber auch Informationen darüber, wie lange das Kind jeweils in der betreffenden Verhaltensweise verharrt oder
4. welchen zeitlichen Anteil die fragliche Verhaltensweise einnimmt.
5. Bevor man irgendwelche Maßnahmen zur Verhaltensänderung ergreift, erstellt man einen klaren Bericht über das bestehende Verhalten.
6. Anhand dieser Aufzeichnungen kann man später, wenn man die Verhaltensweisen des Kindes zu beeinflussen begonnen hat, entsprechende Vergleiche anstellen.
7. Die Verhaltensbeschreibung wird klarer und übersichtlicher, wenn man sie in die Form einer graphischen Darstellung bringt.

Anmerkung: Im Anhang II dieses Buches finden Sie vorgedruckte Musterbogen und Tabellen, die Sie jeweils für Ihre Zwecke verwenden können (vgl. S. 139ff.)

1. Wenn Ihr Kind nach dem Schlafengehen schreit oder nach Ihnen ruft und alle möglichen Sonderwünsche äußert, nur um das abendliche Alleinsein zum Einschlafen hinauszuzögern, werden Sie sich möglicherweise Notizen darüber machen wollen, wie oft dies in einer Woche vorkommt. Da Ihr Ziel aber darin besteht, auch Ausmaß und Dauer dieser Verzögerungsversuche Ihres Kindes nach und nach zu verringern, ist es sinnvoller, sich aufzuschreiben, wie lange das abendliche »Theater« jeweils dauert. Man kann die entsprechenden Zeitwerte für jeden einzelnen Abend festhalten oder nur für eine Reihe willkürlich ausgewählter Abende. (Antwort B)

2. Es mag Ihnen so vorkommen, als tue Ihr Kind *nie,* was Sie ihm sagen; in Wirklichkeit gibt es immer Zeiten und Situationen, in denen Kinder folgsamer und williger sind als sonst. Sie sollten sich daher sowohl bei Gelegenheiten, in denen Ihr Kind Ihren Aufforderungen nachkommt, als auch in den Fällen Notizen machen, in denen es sich »taub stellt« oder sich widersetzt. Auf diese Weise bekommen Sie eine Übersicht über das Gesamtverhalten des Kindes gegenüber Ihren Bitten oder Anordnungen. (Antwort C)

3. Wenn Ihr Kind »schlampig« ist, sollten Sie – wie in diesem Beispiel – immer definieren, worin diese kindliche »Schlamperei« konkret besteht, also etwa im Herumliegenlassen von Kleidungsstücken.
   Das Ausmaß der »Schlamperei« läßt sich wahrscheinlich am besten dadurch festlegen, daß man sich notiert, wie oft das Kind (in diesem Fall) etwas herumliegen läßt; man zählt dann ganz einfach die Kleidungsstücke, die das Kind im Lauf des Tages irgendwo fallen- und liegengelassen hat. (Antwort A)

4. Bei Konzentrationsstörungen dürfte das Ziel der Verhaltensänderung darin bestehen, nach und nach die Zeitspanne zu erweitern, in der das Kind sich auf eine Aufgabe oder ein Spiel konzentrieren kann, ohne sich durch andere Dinge ablenken zu lassen. Bevor Sie darangehen können, diese

Konzentrationsspanne zu erweitern, brauchen Sie daher erst einmal ungefähre Angaben darüber, wie lange sich Ihr Kind vor Ihrem Eingreifen konzentrieren kann. (Antwort B)

Kontroll-Quiz zur Gedächtnisstütze

1. Übung

Füllen Sie bitte die Lücken des untenstehenden Textes mit einem der folgenden Wörter oder Begriffe aus:

A vor der Verhaltensänderung
B wie oft
C was
D Anteil
E wie lange
F wann

Wenn Sie nachprüfen wollen, ob Ihr Kind Ihnen folgt, wären Aufzeichnungen darüber, (1) . . . . dies geschieht, wenig sinnvoll, da dies von der Anzahl und Art der von Ihnen gegebenen Anweisungen abhängt. Angaben über den (2) . . . . der befolgten Anweisungen am Gesamtverhalten des Kindes in entsprechenden Situationen sind dagegen sehr viel aussagekräftiger.
Bevor Sie darangehen, problematische Verhaltensweisen Ihres Kindes zu beeinflussen, sollten Sie sich während einer gewissen Zeitspanne (3) . . . . Aufzeichnungen über das Verhalten des Kindes machen. Anhand dieser Daten können Sie später etwaige Veränderungen feststellen.
Durch graphische Darstellungen können die Eltern ihre aufgezeichneten Verhaltensbeobachtungen übersichtlich zusammenfassen. Die senkrechte Linie auf der linken Blattseite enthält die Werte dessen, (4) . . . . Sie aufzeichnen, und die waagrechte Linie besagt, (5) . . . . sich die aufgezeichneten Verhaltensweisen abgespielt haben.

(Antworten siehe Seite 90)

2. Übung

Tragen Sie bitte auf der vorgegebenen graphischen Darstellung die im folgenden Text enthaltenen Informationen ein:
Der achtjährige Gerd war ein äußerst stiller, schüchterner Junge, der kaum mit seinen Schulkameraden spielte. Sein Lehrer machte sich Sorgen deswegen und entschloß sich, Aufzeichnungen darüber zu führen, wie oft sich Gerd anderen Kindern zuwandte. Während des Zeitraums einer Woche wurde jeden Vormittag zwischen 10.00 und 11.00 Uhr von einer der Lehrkräfte aufgeschrieben, wie oft Gerd mit einem anderen Kind sprach oder aktiv an irgendeiner Gruppenarbeit mitwirkte. Der Bericht zeigte, daß Gerd am Montag zweimal mit anderen Kindern geredet oder gespielt hatte; für die vier daruffolgenden Tage betrugen dic entsprechenden Werte 1, 3, 0 und 1. Nach dieser Beobachtungsphase vor dem Einsetzen verhaltensändernder Maßnahmen ermunterten die Lehrer den Jungen gezielt zu mehr Kontakten mit seinen Klassenkameraden, so daß sich Gerd in der darauffolgenden Woche jeweils 3-, 6-, 5-, 7- und 9mal mit anderen Kindern beschäftigte.
Zeichnen Sie bitte anhand der in das Formblatt eingetragenen Informationen eine Kurve, um die Beobachtungen anschaulich und übersichtlich zu machen.

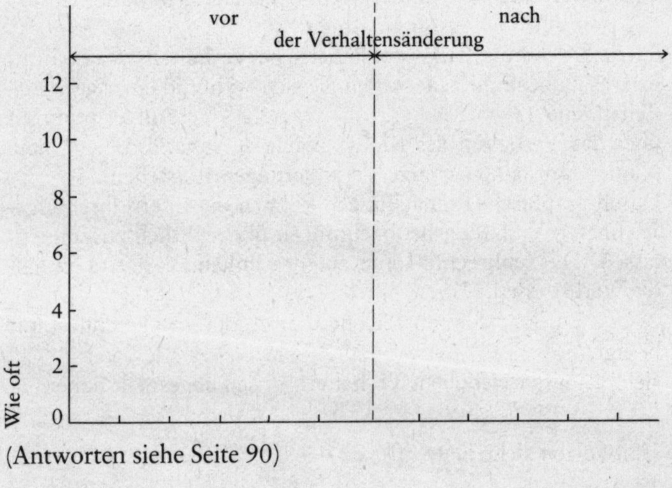

(Antworten siehe Seite 90)

6. Wozu strafen?

Was tun Sie, wenn . . .?

Halten Sie die folgenden Aussagen für richtig oder falsch?

1. Bestrafung von Kindern (z. B. durch Ausschimpfen oder Schlagen) kommt heutzutage kaum noch vor.

   . . . .

2. Das Strafen ist die wirksamste Methode, um Kindern dabei zu helfen, langfristig eine gewisse Kontrollfähigkeit über ihr Verhalten zu entwickeln.

   . . . .

3. Wenn ein Kind etwas anstellt oder falsch macht und man ihm das abgewöhnen will, sorgt man am besten dafür, daß es für die unerwünschten Verhaltensweisen keine Belohnung bekommt.

   . . . .

4. Kinder erleiden seelische Schäden, wenn die Eltern unerwünschten Verhaltensweisen der Kinder keine Beachtung schenken und statt dessen andere Verhaltensformen zu belohnen beginnen.

   . . . .

5. »Gutes« Benehmen bei Kindern durch Zuwendung und besonderes Interesse zu verstärken ist die beste Methode, Kindern erwünschte Verhaltensweisen beizubringen.

   . . . .

In diesem Buch wurde immer wieder darauf hingewiesen, daß das Verstärken erwünschter Verhaltensweisen bei Kindern durch Zeigen von Interesse, Lob, Anerkennung, Zuneigung oder Belohnung letztlich die beste Methode ist, das Auftreten dieser Verhaltensweisen zu fördern.

Antworten: 1 = falsch; 2 = falsch, 3 = richtig; 4 = falsch; 5 = richtig

Geringfügige Fehlverhaltensweisen – etwa Trotzausbrüche, wenn das Kind seinen Kopf nicht durchsetzen kann, oder der provozierende Gebrauch von Gassenausdrücken – lassen sich abbauen oder ganz beseitigen, wenn Eltern und andere Bezugspersonen es fertigbringen, sie eine Zeitlang einfach nicht zu beachten. Es gibt jedoch Verhaltensweisen wie z.B. destruktive oder aggressive Handlungen, über die man nicht einfach hinwegsehen kann. In diesem Kapitel sollen daher wirksame Methoden aufgezeigt werden, wie man diese und andere unerwünschte Verhaltensweisen des Kindes unter Kontrolle bringen kann.

Strafen?

Die meisten Eltern bedienen sich der Strafe in dieser oder jener Form, um bestimmte Verhaltensweisen ihrer Kinder einzudämmen. Welche Wirkungen zeigen solche Erziehungsmaßnahmen?

Ein sechsjähriger Junge fängt beim Spiel mit seiner Schwester zu streiten und zu raufen an. Man sagt den Kindern, sie sollten einander entweder in Ruhe lassen oder ruhig miteinander spielen, doch der Junge schlägt zu und tut seiner Schwester dabei weh. Die meisten Eltern würden in dieser Situation sofort ausholen und dem Jungen ihrerseits eins »verpassen«. Die unmittelbare Folge des aggressiven Verhaltens für den Jungen ist die zur Strafe erfolgte Ohrfeige oder ein Klaps aufs Hinterteil. Wir haben es hier mit dem Gegenteil einer Verstärkung durch Zuwendung, Lob oder Belohnung unmittelbar nach dem Auftreten der betreffenden Verhaltensweise zu tun. Bestrafung bedeutet, daß die unmittelbaren Folgen einer Verhaltensweise für das Kind unangenehm und daher eindeutig nicht zu den Dingen zu rechnen sind, die normalerweise als Verstärkung dienen.

Bestrafungen zeigen häufig einen sofortigen und gelegentlich sogar »sensationellen« Erfolg; die unerwünschte Verhaltensweise hört gewöhnlich sofort auf. Kein Wunder also, daß Eltern bei der Erziehung ihrer Kinder so schnell lernen, ihre Sprößlinge anzuschreien, zu versohlen oder sonstwie zu bestrafen! Der häufige Einsatz dieser drastischen Mittel, die den meisten Eltern überdies zuwider sind, hat jedoch eine Reihe von unerwünschten Nebenwirkungen.

1. Der Erfolg von Strafen ist, wie man meist sehr schnell feststellen muß, von äußerst kurzer Dauer. Falls die Strafe nicht gerade extrem hart ist, stellen sich die bestraften Verhaltensweisen des Kindes bald wieder ein, sobald die Strafe nicht

mehr unmittelbar wirkt. Mit Strafen erreichen die Eltern lediglich eine vorübergehende Unterdrückung der unerwünschten Verhaltensweisen, nicht aber deren langfristige Veränderung.

2. Bestrafungen bergen eine Tendenz für Steigerung in sich: Das Kind wiederholt die unerwünschte Verhaltensweise, worauf die Eltern mit einer leicht verschärften Strafe reagieren. Auch diese Eskalation des Strafmaßes bringt nur einen kurzlebigen Erfolg, so daß man zu immer härteren Maßnahmen greifen muß. Der dabei wirksame Lernprozeß besteht im Grunde in einem Härtetraining für das Kind in bezug auf immer massiver werdende Strafen.

3. Gleichzeitig werden die Eltern unwillkürlich zu immer häufiger werdenden Strafaktionen genötigt, wobei sie jedesmal das vorübergehende Aufhören der kindlichen »Ungezogenheiten« mit Erleichterung erleben und auf diese Weise lernen, Bestrafungen als Mittel der Verhaltenskontrolle einzusetzen, häufig unter Ausschluß langfristiger und anhaltenderen Erfolg bringender Maßnahmen.

4. Die immer härter und häufiger werdenden Strafen (vgl. Punkt 2 und 3) bedeuten eine starke Belastung der Eltern-Kind-Beziehung, da diese ja schließlich mehr auf Strafmaßnahmen beruht als auf Zuwendung und positivem Ansporn zu erwünschten Verhaltensweisen. Daraus entstehen oft psychische Probleme, die sehr viel ernster sind als die ursprünglichen Schwierigkeiten.

5. Das Kind »lernt« anhand des elterlichen Beispiels, daß man sich mit aggressiven Verhaltensweisen anderen gegenüber durchsetzen kann, und verhält sich entsprechend.

Beim Einsatz von Strafen ist ganz allgemein zu größter Vorsicht zu raten. Man weiß einfach noch zu wenig Konkretes über die Wirkungen von Strafen in ihrer jeweiligen Situation – außer daß die Bestrafung sofortige, aber eben nicht lange anhaltende Verhaltensänderungen hervorruft. Der Lehrer einer sehr unruhigen Klasse macht möglicherweise die Erfahrung, daß er sofort Ruhe im Klassenzimmer herstellen kann, wenn er die ganze Gruppe »anbrüllt«, daß aber bald darauf der Geräuschpegel wieder steigt, wodurch ein neuer »Anpfiff« fällig wird. Wenige Wochen nach Schuljahrsbeginn ist der Lehrer dann soweit, daß er seine Klasse immer häufiger und mit wachsender Lautstärke anschreit. Die kurze Ruhepause, die jedesmal nach dem »Gebrüll« des Lehrers in der Klasse eintritt, wirkt auf den Lehrer als Verstärkung für dieses Verhalten. Dieser Lernprozeß führt dann dazu, daß der Lehrer die Klasse immer öfter und immer lauter anbrüllt, nur um sich kurzfristig Erleichterung zu verschaffen.

Was man anstelle von Strafen tun kann

1. Alternative Verhaltensweisen verstärken

Kleinkinder, die gerade anfangen, auf eigenen Beinen zu stehen und ihre unmittelbare Umgebung zu »erforschen«, zeigen gelegentlich allzu lebhaftes Interesse für elektrische Leitungen und Steckdosen. Die Eltern reißen ihre Sprößlinge dann natürlich schleunigst zurück und geben ihnen vielleicht auch einen Klaps auf die Hand, wenn diese sich weiter nach dem gefährlichen »Spielzeug« ausstreckt. Solche Maßnahmen scheinen zwar sofort Erfolg zu haben, verringern das Interesse der Kinder an elektrischen Drähten oder Steckdosen aber keineswegs. Die Eltern könnten sich beispielsweise auch darauf beschränken, in der entsprechenden Situation sofort in energischem Tonfall zu rufen: »Nein, Peter!« Dies würde zunächst als leichte Bestrafung wirken. Wenn Peter aber gleichzeitig irgendetwas für ihn Interessantes zum Spielen bekäme, das eine echte Alternative zu dem gefährlichen Objekt seiner Neugier darstellte, und wenn sein Umgang mit diesem Ersatz noch dazu mit Aufmerksamkeit und Zuwendung seitens der Eltern bedacht würde, verlöre der Stecker oder die Steckdose für das Kind noch schneller an Reiz. Durch diese Kombination von milder Bestrafung und Verstärkung alternativer Verhaltensweisen lernt das Kind sehr schnell, lieber mit anderen interessanten Dingen zu spielen, als ausgerechnet mit elektrischen Leitungen.
In anderen Situationen, die für das Kind oder andere nicht gefährlich sind, sind Bestrafungen in jeder Form fehl am Platze. Die Eltern sollten auf jeden Fall darauf achten, daß sie die unerwünschten Verhaltensweisen des Kindes nicht unversehens durch besondere Aufmerksamkeit oder Zuwendung belohnen, sondern statt dessen ganz bewußt irgendeine andere

Verhaltensweise des Kindes verstärken, die mit der unerwünschten Aktivität unvereinbar ist. Ein sehr »zappeliges« kleines Mädchen hatte beispielsweise die Angewohnheit, wenn sie nicht gerade mit etwas anderem beschäftigt war, an Taschentüchern, Stoffkanten und Textilfasern herumzuzupfen. Da dabei kein nennenswerter Schaden angerichtet wurde, wäre eine Bestrafung nicht angebracht. Die Eltern schenkten dem störenden Verhalten der Kleinen einfach keine Beachtung. Ihre Mutter brachte ihr aber Stricken und Sticken bei, woran das Mädchen großen Gefallen fand. Die Eltern zeigten nun ganz bewußt und gezielt ihr Interesse für die Handarbeiten des Kindes und sparten dabei auch nicht mit Lob und Anerkennung. Es dauerte nicht lange, bis die Kleine ihre Freizeit mit Stricken verbrachte; das störende Stoffzupfen hörte auf.

Es ist allerdings leichter gesagt als getan, unerwünschte Verhaltensweisen nach dieser Methode durch Verstärken von alternativen oder unvereinbaren Verhaltensweisen abzubauen. Man benötigt dafür häufig ein gerüttelt Maß an Einfallsreichtum und Geduld, was man beim bloßen Strafen nicht braucht. Dies ist wahrscheinlich der Hauptgrund dafür, daß landauf, landab so viel gestraft wird. Die Verstärkung alternativer oder mit den unerwünschten Handlungen unvereinbarer Verhaltensweisen hat allerdings eine ganze Reihe von Vorteilen. Man vermeidet die unerfreulichen Nebenwirkungen von Strafen, aber auch die beim bloßen Ignorieren unerwünschter Verhaltensweisen auftretende Verzögerung der Verhaltensänderung – die positive Wirkung kann sich sofort einstellen und eine vollständige sowie dauerhafte Lösung des Verhaltensproblems bringen. Mit dieser Methode kann man Kindern zugleich etwas Neues beibringen, während man ihnen unerwünschte Verhaltensweisen abgewöhnt. Solange das Kind keine entsprechende Alternative für sein unerwünschtes Verhalten hat, die ihm Zuwendung oder andere Formen der Belohnung einbringt, sind Verhaltensänderungen durch Bestrafung gewöhnlich nur von kurzer Dauer.

2. »Beruhigungsphasen« oder »Denkpausen« schaffen

Diese Methode entspricht der von vielen Eltern geübten Praxis, den »ungezogenen« Sprößling auf sein Zimmer zu schik-

ken; sie sollte allerdings mit einiger Vorsicht angewandt werden. Wenn man ein Kind nämlich zur Strafe auf sein Zimmer schickt, bringt es diesen Raum möglicherweise mit »Ungezogensein« und Strafe in Verbindung, und das liegt wohl kaum im Interesse des Erziehers. Das Einschalten von Beruhigungsphasen und Denkpausen soll dagegen jede mögliche Verstärkung unerwünschter Verhaltensweisen durch die Umgebung des Kindes verringern oder gar ausschalten. Bei Kleinkindern erreicht man dies auf höchst einfache Weise, indem man ihnen beharrlich und konsequent jede Aufmerksamkeit entzieht, wenn sie »ungezogen« sind. Dadurch, daß Sie Ihrem Kind statt Ihrer vollen Aufmerksamkeit und Zuwendung den Rükken oder das Profil zukehren, setzen Sie es in diesem Sinne schon einer kurzen Isolationsphase aus.
Wenn ein größeres Kind einen Wutanfall hat, ist es manchmal erforderlich, ihm unter Ausschluß möglicher Verstärkungen durch seine Umgebung Gelegenheit zum »Abkühlen« zu geben. Oft genügt es völlig, den kleinen Wüterich ohne viele Umstände und ohne jede Diskussion in irgendein anderes Zimmer zu schicken oder zu bringen (wobei man natürlich dafür sorgen sollte, daß dort nicht gerade das kostbare Porzellanservice aufbewahrt wird!). Lassen Sie das Kind dort allein, bis es sich einigermaßen beruhigt hat, und geben Sie ihm die Möglichkeit, dann wieder zu den anderen zurückzukommen. Ansonsten sollte die im anderen Zimmer verbrachte Zeit ungefähr konstant gehalten werden, das heißt eine oder zwei Minuten bei Kleinkindern und höchstens zehn Minuten bei größeren. Dabei kommt es darauf an, daß dieser ganze Vorgang nicht etwa zum Spiel oder zur »Schau« gemacht wird; irgendwelche Erklärungen oder Diskussionen über den Grund Ihrer Maßnahme sollten Sie so lange aufschieben, bis Ihr Kind sich wieder völlig beruhigt hat und zu seinen üblichen Verhaltensweisen zurückgekehrt ist; anschließende Gespräche über den Vorfall sollten sich auf das unerwünschte Verhalten des Kindes konzentrieren, das sie veranlaßt hat, das Kind aus dem Zimmer zu schicken. Widmen Sie dem Kind unmittelbar nach der »Abkühlungsphase« keine besondere Aufmerksamkeit, aber verstärken Sie unbedingt die ersten Anzeichen erwünschter Verhaltensweisen bei dem Kind. Es sei nachdrücklich darauf hingewiesen, daß diese Methode *nur* dann angewandt wer-

den sollte, wenn das Kind massiv störende Verhaltensweisen zeigt, aber niemals dann, wenn Sie Ihren Sprößling gerade nicht brauchen können oder nur, weil er ihnen gerade auf die Nerven geht. Das Einschalten von Beruhigungsphasen oder Denkpausen ist eine besonders nützliche Methode, um Kindern bei der Entwicklung von Selbstbeherrschung zu helfen. Dieses Verfahren muß allerdings sehr konsequent gehandhabt werden und unbedingt noch im Verlauf der unerwünschten Verhaltensweise, zumindest aber unmittelbar danach eingesetzt werden.

Bei dieser und den anderen in diesem Zusammenhang beschriebenen Methoden kommt es entscheidend darauf an, daß Sie in Ihren Reaktionen auf das Verhalten Ihres Kindes so konsequent sind wie irgend möglich. Das Gebot der Konsequenz gilt nicht nur für die jeweiligen Situationen, sondern auch für das Verhalten des anderen Elternteils oder sonstiger wichtiger Bezugspersonen des Kindes. Wir reagieren nämlich oft höchst unterschiedlich auf das Verhalten unserer Kinder, wobei wir uns häufig mehr von unserer jeweiligen Stimmungslage als von dem tatsächlichen Verhalten der Kinder beeinflussen lassen. Wenn wir uns gerade mit jemand gestritten haben oder durch irgendein anderes Ereignis etwas aus dem inneren Gleichgewicht geraten sind, neigen wir sehr viel mehr dazu als sonst, unsere Sprößlinge »anzufauchen« oder ihnen das notwendige Maß an Zuwendung zu verweigern. Ebenso häufig kommt es vor, daß der eine Elternteil dem anderen bei dessen Reaktionen auf das Verhalten des Kindes gewissermaßen »in den Rücken fällt«. Dies kann daran liegen, daß die Eltern einfach nicht darüber orientiert sind, was der Partner dem Kind gegenüber schon gesagt oder getan hat, oder aber daran, daß die Eltern sich untereinander nicht darüber einig sind, was ihr Kind tun und lassen sollte. Die meisten Kinder nutzen solche Situationen sehr bald aus und fangen an, den einen Elternteil gegen den anderen auszuspielen. Gleichgültig, welche Vorstellungen Sie von der Entwicklung und Erziehung Ihres Kindes auch haben – Sie sollten sie unbedingt mit Ihrem Ehepartner diskutieren, um eine gemeinsame »Strategie« auszuarbeiten. Auf dieser Grundlage müssen Sie dann aber auch zusammenhalten und einander ergänzen, wobei Sie sich in Ihren Reaktionen gegenüber dem Kind auf jeden Fall von dessen konkretem

Verhalten, nicht aber von Ihren eigenen Stimmungen leiten lassen sollten. Konsequenz im erzieherischen Verhalten ist für alle Eltern und andere Erwachsene, die mit Kindern zu tun haben, eine unabdingbare Voraussetzung.

Besprechung des Abschnitts »Was tun Sie, wenn . . .?«

1. *Falsch.* Die meisten Eltern bedienen sich irgendeiner Form von Strafe oder Strafdrohung, um das Verhalten ihrer Kinder zu beeinflussen. Bestrafung bringt aber nur kurzlebige Erfolge und stellt daher lediglich für die Eltern eine Belohnung dar.
2. *Falsch.* Länger anhaltende Erfolge sind nur durch äußerst harte Strafen möglich, die aber schwere Nachteile mit sich bringen. Bestrafung führt oft zu sehr problematischen emotionalen Reaktionen der Kinder und sollte daher möglichst unterbleiben. Es empfiehlt sich, statt dessen alternative Verhaltensweisen beim Kind zu verstärken.
3. *Richtig.* Das Einschalten von »Beruhigungsphasen« oder »Denkpausen« erweist sich als wirksam, wo andere Methoden versagen. Es muß allerdings sparsam, konsequent und überlegt angewendet werden und auf bestimmte, ernstere Fehlverhaltensweisen des Kindes beschränkt werden.
4. *Falsch.* Kinder wie Erwachsene reagieren auf den Entzug von Belohnungen für bestimmte Verhaltensweisen damit, daß sie nach und nach zu anderen Verhaltensformen übergehen, die irgendwie belohnt werden. Dieser Vorgang bewirkt keinerlei psychische Störungen.
5. *Richtig.* Das Verstärken von erwünschten Verhaltensweisen bei Kindern ist eine positive Maßnahme und vermeidet all die Probleme und Nebenwirkungen, die eine Strafe für unerwünschtes Verhalten mit sich bringt.

Kontroll-Quiz zur Gedächtnisstütze

Unterstreichen Sie im folgenden Text eine der in Klammern angegebenen Alternativen:

1. Beispiel

Anja stört ihre Mutter ständig beim Telefonieren. Die Mutter ärgerte sich sehr darüber und schalt Anja, ohne daß sich irgend etwas gebessert hätte. Da die Mutter in solchen Situationen nur mit leichtem Tadel reagierte, bedeutete die der Kleinen dabei gezeigte Aufmerksamkeit für das Kind eher eine Belohnung.
Eines Tages beschloß Anjas Mutter, die Störversuche der Kleinen künftig einfach zu ignorieren. Sie stellte fest, daß sich Anjas Verhalten während der nächsten Tage (1. verbesserte; verschlimmerte). Im Lauf der Zeit lernte die Kleine, daß ihre Störversuche ihr keine besondere Aufmerksamkeit seitens der Mutter einbrachten, und die Anzahl der Fälle, in denen Telefongespräche der Mutter gestört wurden, (2. nahm zu; nahm ab).

2. Beispiel

Petras Problem war keine Sprachstörung im eigentlichen Sinne, sondern die »schlechte Angewohnheit«, schlampig und undeutlich zu sprechen. Obwohl ihre Mutter oft nicht verstand, was die Kleine sagte, antwortete sie doch immer mit »Ja, mein Schatz!« oder ähnlichen, zustimmenden Bemerkungen, wenn Petra irgend etwas Unverständliches genuschelt hatte. Zu dieser Zeit war Petras Sprechweise fast nur noch als Nuscheln zu bezeichnen.
Als Petras Mutter begriffen hatte, was hier vor sich ging, entschloß sie sich dazu, einfach nicht mehr zu reagieren, wenn die Kleine etwas Unverständliches daherredete. Im Lauf der nächsten zwei Wochen nuschelte Petra (3. mehr; weniger); die Sprechweise des Kindes wurde (4. deutlicher; undeutlicher). Wenn die Mutter wieder angefangen hätte, auf Petras Nuschelei »Ja, mein Schatz« zu sagen, hätte Petras Genuschel (5. zugenommen; abgenommen).

3. Beispiel

Vater war heute bei der Arbeit den ganzen Tag über großem Lärm ausgesetzt. Als er am Abend nach Hause kam, fielen die Kinder mit großem Hallo über ihn her und beschwerten sich

lauthals über das schlechte Benehmen der anderen. Bald schrie der Vater aus Leibeskräften: »Ruhe – haltet sofort den Mund!« Während der nächsten Viertelstunde herrschte tatsächlich Stille.
Künftig rief der Vater häufiger: »Ruhe, verdammt noch mal!« Sein lautes Gebrüll war eine (6. Verstärkung; Bestrafung) für das lärmende Verhalten der Kinder, so daß diese anschließend eine Zeitlang Ruhe gaben. Diese Wirkung auf das Verhalten der Kinder bedeutete aber für das Gebrüll des Vaters eine (7. Verstärkung; Bestrafung), so daß der Vater die Kinder immer öfter anbrüllte.

4. Beispiel

Dem neunjährigen Willi kam es sehr darauf an, daß seine Freunde ihn für einen »richtigen Jungen« hielten. Er sah außerdem immer schmutzig und ungepflegt aus. Sein Lehrer wollte ihn dazu bringen, künftig etwas mehr auf sein Äußeres zu achten, und beschloß daher, den Jungen jedesmal zu loben, wenn er etwas weniger »vergammelt« als sonst in die Schule kam. Der Lehrer erwähnte dann ausdrücklich, daß Willi nett aussah, und lobte den Jungen dafür. Das Ergebnis war eine Verschlechterung von Willis Äußerem während der nächsten Tage; der Junge schien für einige Zeit geradezu erpicht darauf, besonders schlampig auszusehen. Das Lob, das Willi vor versammelter Klasse dafür bekam, daß er weniger ungepflegt aussah, war für das vom Lehrer erwünschte Verhalten des Jungen (8. verstärkend; bestrafend). Willi konnte es nicht ausstehen, so in den Mittelpunkt der allgemeinen Aufmerksamkeit gerückt zu werden. In diesem Fall hatte der Lehrer einen Fehler gemacht.

5. Beispiel

Mit Christoph gab es in der Klasse ständig Schwierigkeiten. Er zog die Mädchen an den Haaren, blieb nie länger als fünf Minuten auf seinem Platz und störte dauernd den Unterricht. Im Gegensatz zu ihren Kollegen, die Christoph für sein störendes Verhalten immer bestraft hatten, beschloß die neue Lehrerin, den Jungen für jedes Anzeichen einer sinnvollen Beschäftigung durch besondere Zuwendung oder Lob zu belohnen. Das führte dazu, daß Christoph sich mehr am Unterricht zu beteiligen begann. Abgesehen von der allmählichen Verbesserung von Christophs Schulleistungen stellte sich bald heraus, daß das Verhalten des Jungen in der Klasse (9. unverändert blieb; sich verbesserte; sich verschlimmerte;). Christoph konnte nicht gleichzeitig beim Unterricht mitmachen und seinen früheren Unsinn treiben – die beiden Verhaltensweisen sind (10. vereinbar; unvereinbar).

Antworten: 1. verschlimmerte; 2. nahm ab; 3. weniger; 4. deutlicher; 5. zugenommen; 6. Bestrafung; 7. Verstärkung; 8. bestrafend; 9. sich verbesserte; 10. unvereinbar

7. Das Erlernen neuer Verhaltensweisen

Was tun Sie, wenn . . .?

1. Sie wollen Ihrem neunjährigen Sohn beibringen, sicher mit einer Säge umzugehen. Er beschäftigt sich leidenschaftlich gerne mit Holz-Bastelarbeiten und hat sich auch schon mit der Säge versucht, allerdings mit recht unbefriedigendem Ergebnis. Würden Sie in dieser Situation

A dem Jungen zeigen, wie man die Säge hält und einsetzt, und ihm dann sagen »So ist's richtig! Das hast du fein gemacht!«, wenn er es selbst versucht und zunehmend besser zurechtkommt?

B den Jungen alleine herausfinden lassen, wie man mit der Säge umgeht?

C den Jungen beim Umgang mit der Säge genau beobachten und ihn jedesmal loben, wenn er das Werkzeug richtig anfaßt und sicher handhabt?

2. Ihre siebenjährige Tochter ist etwas schüchtern und unselbständig. Obwohl sie gar keinen weiten Schulweg hat, haben Sie sie immer begleitet. Sie ziehen nun in eine Wohnung um, von der aus sie mit dem Bus zur Schule fahren muß. Die Kleine ist noch nie zuvor alleine mit dem Bus gefahren. Sie möchten, daß das Kind selbständiger wird und den neuen Schulweg ohne Begleitung meistern lernt. Nehmen wir einmal an, der Schulweg erfordere keine Überquerung verkehrsreicher Straßen. Machen Sie bitte eine Liste der Schritte, die Sie unternehmen würden, um der Kleinen allmählich beizubringen, den Schulweg alleine zu meistern.

In den bisherigen Kapiteln lag der Hauptakzent unserer Ausführungen darauf, wie man bereits bestehende Verhaltensweisen verändern kann. In diesem Kapitel wollen wir uns nun Mittel und Wege ansehen, wie man Kindern *neue* Verhaltensweisen beibringen kann, von denen sie bisher noch nichts ge-

Antworten: 1: A; 2: s. S. 87

lernt hatten. Für diesen Zweck gibt es zwei methodische Grundformen – die sogenannte »Verhaltensformung« (Shaping) und das »Lernen am Modell« (Modelling). In der Praxis treten diese beiden Lehrmethoden allerdings meist kombiniert auf.

Verhaltensformung

Wenn wir erreichen wollen, daß jemand eine bestimmte Verhaltensweise häufiger zeigt, ist es bekanntlich ratsam, die betreffende Verhaltensweise durch besondere Aufmerksamkeit, Lob oder sonstige Formen der Belohnung zu verstärken. Wenn Sie Ihr Kind dazu bringen wollen, bestimmte neue Verhaltensweisen zu zeigen, ist es dagegen unzweckmäßig, auf deren spontanes Auftreten zu warten, damit man sie durch entsprechende Verstärkungen fördern kann. In dieser Situation empfiehlt sich daher die Methode der »Verhaltensformung«. Sie besteht in der Verstärkung aller Verhaltensweisen, die der neu zu lernenden Fertigkeit irgendwie ähneln oder in deren Richtung gehen, wobei man nach und nach nur noch die Verhaltensweisen verstärkt, die dem Lehrziel schon sehr nahekommen.
Auch hier muß man erst einmal genau definieren, worin die vom Kind neu zu lernende Verhaltensweise besteht. Als nächstes muß man irgendeine vom Kind bereits gezeigte Verhaltensweise finden, die irgendwie in die Richtung der neuzulernenden geht, und dieses »Annäherungsverhalten« bei jedem Auftreten verstärken. Wenn das Kind diese Verhaltensweise häufiger zeigt, sollte man sie nicht mehr jedesmal verstärken, sondern nur noch dann, wenn sie der zu lernenden neuen Fertigkeit ein wenig ähnlicher ist als zuvor. Dieser Vorgang wird so lange wiederholt, bis das Kind schließlich das von Ihnen gewünschte Lernziel erreicht und das entsprechende Verhalten durch weitere Verstärkungen zur »Gewohnheit« gemacht hat. Man könnte diesen Lernprozeß mit dem Spiel »Ich seh' etwas, was du nicht siehst« vergleichen; die Eltern verstärken die dem Lehrziel näherkommenden Verhaltensweisen des Kindes wie im Spiel, wenn man sagt: »Wärmer, wärmer!«, und verweigern den sich vom Ziel entfernenden Verhaltensweisen die Verstärkung, indem sie sie nicht beachten oder – im Spiel – sa-

gen: »Kälter!« Die Verhaltensformung ist in der Alltagssituation allerdings ein sehr langsamer Prozeß, weil man immer darauf warten muß, daß das Kind den ersten Schritt tut, den man dann verstärken kann. Sie wird daher fast immer mit dem Modell-Lernen kombiniert.

Lernen am Modell

Wenn man Kindern neue Fertigkeiten beibringen will und sich dabei nur der Verhaltensformung bedient, muß man sehr lange auf die Lernerfolge warten. Macht man dem Kind die neue Fertigkeit dagegen vor, so daß das Kind sie nachahmen kann, wird der Lernprozeß erheblich beschleunigt. Die Methode des Vormachens ist nichts anderes als Lernen am Modell, denn wir bieten dem Kind ja ein Verhaltensmodell zur Nachahmung. Im Schulunterricht wird das Lernen am Modell sehr häufig verwendet, wenn der Lehrer den Schülern Verhaltensweisen oder Techniken beibringen will, die den Kindern völlig neu sind. – »Paß mal genau auf, wie ich das mache!« »Mach es *so*!« Kleinkinder bekommen von ihren Eltern ganz automatisch Verhaltensmodelle für das Erlernen neuer Fertigkeiten oder werden auf das Beispiel anderer hingewiesen, die das gewünschte Verhalten gerade zeigen. Wenn man das Kind schrittweise in eine neue Fertigkeit einführt, bedient man sich in gewisser Weise auch der Verhaltensformung. Um einem Kind zum Beispiel beizubringen, wie man den Bleistift beim Schreiben hält, legt der Lehrer dem Kind möglicherweise die Finger um den Bleistift und führt ihm dann in der richtigen Haltung die Hand zu ersten Schreibbewegungen. Wenn das Kind dann begriffen hat, worauf es beim Bleistiftführen ankommt, und die Übung einigermaßen in der richtigen Handhaltung selbst probiert, spendet der Lehrer in der Regel Lob oder verstärkt die Bemühungen des Kindes durch sonstige Formen der Belohnung. Auch hier handelt es sich also um Verhaltensformung, da Annäherungsformen des gewünschten Verhaltens verstärkt werden.

Einer der wichtigsten Faktoren, die die Nachahmungsbereitschaft des Kindes bestimmen, besteht in den Folgen, die das »vorexerzierte« Verhalten der als Modell dienenden Person für diese selbst hat. Wenn Ihr Kind die Beobachtung macht, daß bestimmte Verhaltensweisen bei den sie zeigenden Personen eine positive Rückwirkung oder eine gewisse Befriedigung bringen, wird es sich bei entsprechender Gelegenheit aller Voraussicht nach genauso verhalten. Dementsprechend können Kinder anstatt der erwünschten auch ganz und gar unerwünschte Verhaltensweisen durch das »Vorbild« anderer erlernen. Während der ersten Lebensjahre des Kindes sind die Eltern dessen wichtigste »Verhaltensmodelle«, so daß wir alle ein gut Teil Verantwortung für die langfristigen Verhaltensmuster unserer Kinder tragen. Im Lauf der Zeit gewinnen auch die Geschwister des Kindes Bedeutung als Verhaltensmodelle, später auch Schulkameraden, Lehrer, sonstige Erwachsene in der Umwelt des Kindes sowie regelmäßige Erlebnisse wie die Beobachtungen des Kindes am Fernsehschirm. Streitigkeiten, Kämpfe, Unehrlichkeit und sonstige unerwünschte Verhaltensweisen – vor allem, wenn sie als Möglichkeit, »Dampf abzulassen« oder mit anderen »abzurechnen«, angeboten und aufgewertet werden – wirken ebenso sehr als Verhaltensmodelle auf Ihre Kinder wie positive »Vorbilder«, von denen Ihre Kinder Ihrer Meinung nach lernen sollten.

Besprechung des Abschnitts »Was tun Sie, wenn . . .?« (S. 83)

1. Wenn Sie es einem neunjährigen Kind allein überlassen, den richtigen Umgang mit einer Säge zu erlernen (B), kommt es zu einer Unmenge von Fehlern, von denen einige sehr gefährlich sein können. Eine etwas bessere Lehrmethode als (B) besteht darin, jede richtige Bewegung des Kindes mit der Säge durch Lob zu verstärken (C). Am schnellsten und gezieltesten verläuft der Lernprozeß jedoch, wenn man dem Kind zunächst vormacht, wie man mit der Säge umgeht, und dann immer die dem Lehrziel jeweils am nächsten gekommenen eigenen Versuche des Kindes durch Lob verstärkt (A). Bei dieser Methode haben wir es sowohl mit Lernen am Modell als auch mit Verhaltensformung zu tun.

2. Die wichtigsten Lernschritte, durch die Ihr Kind einen gefahrlosen Übergang vom bisherigen »behüteten« Schulweg zum neuen selbständigen Schulweg per Bus lernen kann, sehen folgendermaßen aus:

a) Das Kind wird vom Erwachsenen auf der Busfahrt und dem Fußweg zur Schule bis vors Schultor begleitet.
b) Das Kind wird vom Erwachsenen auf der Busfahrt begleitet und bis in Sichtweite der Schule gebracht.
c) Das Kind wird vom Erwachsenen auf der Busfahrt begleitet und geht von der Haltestelle aus allein zur Schule.
d) Das Kind wird vom Erwachsenen bis zur Haltestelle begleitet und fährt allein mit dem Bus.
e) Der Erwachsene bleibt zu Hause.

Der ganze Lernprozeß ist so gegliedert, daß jeder einzelne Lernschritt etwas mehr Selbständigkeit vom Kind verlangt. Jeder Lernschritt wird so lange wiederholt, bis das Kind sich ohne Angst und Unsicherheit allein zurechtfindet; erst dann geht man zum nächsten Lernschritt über.

Kontroll-Quiz zur Gedächtnisstütze

Setzen Sie bitte jeweils einen der folgenden Begriffe in die Lükken im folgenden Text ein; die einzusetzenden Worte können auch mehr als einmal vorkommen.

Lob, loben – Verstärkung, verstärken – Verhaltensformung – Lernen am Modell, Verhaltensmodell

Ihr kleiner Sohn hat bisher nur mit den Fingern oder mit dem Löffel gegessen und lernt gerade, mit Messer und Gabel umzugehen. Er beobachtet Sie beim Essen und merkt, daß Sie mit Messer und Gabel die Nahrung selbst zerkleinern und in mundgerechte Portionen bringen können, ohne auf die Hilfe anderer angewiesen zu sein. Ihr Beispiel wirkt also bereits als (1) . . . . für eine neue Fertigkeit, die der Kleine auch gerne beherrschen möchte. Der Junge versucht daher, Messer und Gabel seines Kinderbestecks zu benutzen, das für ihn bereitliegt. Zuerst klappt es noch nicht so recht; bevor das Kind den Mut verliert, ermöglichen Sie ihm eine direktere Form des (2) . . . . Sie beugen sich über das Kind, geben ihm Messer und Gabel in der günstigsten Haltung in die Hände und machen ihm, während Sie ihm die Händchen samt Besteck führen, die erforderlichen Bewegungen vor. Der Kleine macht dabei die Erfahrung, daß die Verwendung von Messer und Gabel beim Essen ihm bestimmte Vorteile bringt, die er mit seiner früheren »Schaufelmethode« mit der Hand oder dem Löffel nicht hatte. Die neue Art zu essen ist daher an sich schon eine (3) . . . ., und zwar durch den Vorteil, den sie ihm gegenüber seiner früheren Eßweise bringt, und wegen seines Bedürfnisses, es den Eltern und Geschwistern gleichzutun. Der Kleine gibt sich also alle Mühe, allein mit Messer und Gabel zurechtzukommen. Sie sollten ihn für diese ersten Anstrengungen unbedingt (4) . . . . Im weiteren Verlauf dieses Lernprozesses sollten Sie den Jungen (sei es bei der gleichen Mahlzeit oder bei späteren Gelegenheiten) nur noch dann für seine Eßweise (5) . . . ., wenn er im Umgang mit Messer und Gabel gegenüber dem letzten Versuch wieder einen kleinen Fortschritt gemacht hat. Die Eßweise des Kleinen nähert sich auf diese Weise durch (6) . . . . allmählich der für sein Alter angemessenen und erwünschten Fertigkeit, mit Messer und Gabel richtig umzugehen. Es wird von Zeit zu Zeit vermutlich nötig sein, den Vorgang des (7) . . . . zu wiederholen, um Fehler zu korrigieren oder um die Erinnerung an das eigentliche Lernziel wachzuhalten.

Diese ausführliche Darstellung scheint einen im Grunde einfachen Lernprozeß zu komplizieren. Wenn wir solche »einfachen« Lernvorgänge einmal genauer untersuchen, stellt sich aber heraus, daß sie erstaunlich verwickelt sind. Wir haben hier ein gutes Beispiel dafür, wie man Kindern neue Fertigkeiten und neue Verhaltensweisen beibringt. Umfassendere Aufgaben, wie etwa Autofahren oder komplizierte technische Fertigkeiten, lassen sich dann durch Anwendung der anhand einfacher Beispiele aufgezeigten Grundprinzipien viel leichter und besser lernen.

Antworten: 1. Verhaltensmodell; 2. Lernen am Modell; 3. Verstärkung; 4. loben; 5. loben; 6. Verhaltensformung; 7. Lernen am Modell

Antworten zum Kontroll-Quiz S. 69/70:

1. Übung:
1. wie oft; 2. Anteil; 3. vor der Verhaltensänderung; 4. was; 5. wann

2. Übung:

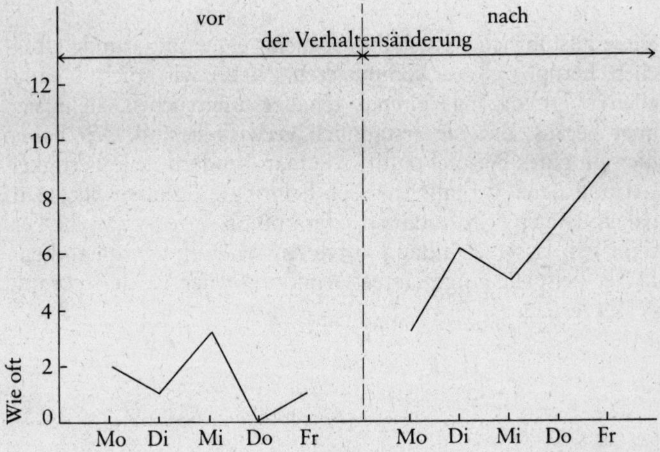

8. Verträge zwischen Eltern und Kind

Was tun Sie, wenn ...?

1. Ihre Tochter scheint seit ihrer Versetzung in eine neue Klasse das Interesse an der Schule verloren zu haben und arbeitet im Unterricht kaum noch mit. Was würden Sie – abgesehen von einer entsprechenden Problemdiskussion mit dem neuen Lehrer Ihrer Tochter – zu Hause tun, um das früher so intensive Interesse des Kindes an der Schule wieder zu beleben?

A Sie loben, wenn sie Ihnen irgendeine gute Arbeit aus der Schule mitbringt.

B Ihr etwas Schönes schenken, wenn sie mit guten Schulleistungen aufwartet.

C Ihr jedesmal, wenn sie sich in der Schule offensichtlich Mühe gegeben hat, einen farbigen Papierstern (ähnlich den in der Schule verwendeten) geben und ihr für fünf solcher Sterne ein Geschenk machen, über das sie sich freut.

D Eine Tabelle über gute Schulleistungen und Zeichen guten Willens anfertigen und für jede lobenswerte Bemühung der Tochter einen Stern eintragen; gleichzeitig Lob und Anerkennung aussprechen und dem Kind etwas schenken, das ihm Freude macht (wobei wieder fünf Sterne ein kleines Geschenk ergeben).

2. Wenn Sie sich mit Ihrem Sohn darüber einigen, welche Mitarbeit er im Haushalt leisten soll, könnten Sie diese Vereinbarung folgendermaßen formulieren (entscheiden Sie sich bitte für eine Antwort):

A »Peter, wenn du heute mithilfst, bekommst du heute abend von mir eine Überraschung.«

B »Peter, wenn du heute nicht dein Bett machst und deine Spielsachen aufräumst, darfst du heute abend nicht fernsehen.«

C »Peter, wenn du heute dein Bett machst und deine Spielsachen aufräumst, darfst du dir heute abend den Fernsehfilm um 19.30 Uhr ansehen.«

D »Peter, räum sofort dein Zimmer auf, sonst knallt's! Ich sag' es dir nicht zum zweitenmal!«

3. Nehmen wir einmal an, eine Mutter sei mit den folgenden Vorschlägen oder Anliegen ihres Kindes einverstanden. Welche der folgenden Formulierungen entsprechen Ihrer Meinung nach vernünftigen Vereinbarungen, bei denen beide Seiten zu ihrem Recht kommen?

A »Ich will mir nur noch die nächste Fernsehsendung ansehen, Mutti, dann mach ich sofort meine Hausaufgaben.«

B »Darf ich heute nachmittag ins Kino gehen, wenn ich jetzt mein Gemüse aufesse?«

C »Darf ich mit Werner Fußball spielen gehen, wenn ich vom Einkaufen zurückkomme?«

D »Darf ich Sabine zum Kaffee einladen, wenn ich mit dem Staubsaugen fertig bin?«

Man kann mit den bereits beschriebenen Methoden zwei weitere Verfahrensweisen verbinden, um den für die Erziehung von Kindern sehr nützlichen »Grundkatalog« elterlicher Maßnahmen abzurunden:

Verstärkung durch symbolische Belohnungen

Verstärkungen in Form von Dingen, die dem Kind Freude machen, erhöhen die Wahrscheinlichkeit, daß das Kind sich wieder so verhält wie unmittelbar vor der Verstärkung. Eltern und Lehrer müssen sich daher Dinge einfallen lassen, die als Verstärkung für erwünschte Verhaltensweisen der Kinder dienen. Es sind Ihnen inzwischen sicher längst Zweifel daran gekommen, ob es angebracht ist, Kinder immer mit konkreten Geschenken wie Süßigkeiten oder kleinen Spielsachen für »Wohlverhalten« zu belohnen. Diese Form der Belohnung ist nicht immer praktikabel oder wünschenswert, und größere Kinder empfinden sie häufig ohnehin nicht als wirkliche Belohnung.
Symbolische Belohnungen (tokens) als Gutscheine für andere Belohnungen bieten die Möglichkeit, jederzeit eine Verstärkung für erwünschte Verhaltensweisen des Kindes greifbar zu haben. Sie können in Form einer Punktwertung, als »Sterne«,

Antworten: 1: D; 2: C; 3: C und D

Stempelzeichen, Perlen oder sonstige Bons verteilt werden, die man später zusammenzählen und für etwas, das dem Kind wirklich Freude macht, eintauschen kann. Solche Gutscheine eignen sich besonders gut für Kinder, die gegenüber Lob und anderen Formen der Zuwendung relativ gleichgültig sind und wenig Bereitschaft zeigen, mit ihren Eltern oder Lehrern an einem Strang zu ziehen.
Sie kann man natürlich nicht in dieser Weise als Verstärker einsetzen – vor allem nicht bei sehr kleinen Kindern –, ohne dem Kind zuvor klargemacht zu haben, wie das Ganze funktioniert. Wenn Sie daher einem Kleinkind zum ersten Mal einen Gutschein als Belohnung geben, sollten Sie dieses »Zahlungsmittel« unbedingt sofort in etwas Handgreifliches umtauschen. Dies sollte man bei verschiedenen Gelegenheiten wiederholen, bevor man die Zeitspanne zwischen der Verabreichung des Gutscheins und dessen »Verwandlung« in ein konkretes Geschenk allmählich zu verlängern beginnt. Nach einiger Zeit können Sie dem Kind dann auch klarmachen, daß es erst eine bestimmte Anzahl von Gutscheinen »verdient« haben muß, bevor es diese Bons einlösen kann.
Man kann dieses System symbolischer Belohnungen veränderten Situationen entsprechend auch abändern; Sie können also zum Beispiel

a) die Anforderungen, die Sie an Ihr Kind stellen, wenn es sich eine bestimmte Zahl von Gutscheinen »verdienen« will, steigern oder verringern;
b) die Zahl der zum Umtausch in eine konkrete Belohnung erforderlichen Gutscheine erhöhen oder verringern;
c) die Zeitspanne zwischen Ausgabe und Umtausch der Gutscheine vergrößern oder verkleinern.

Geben Sie Ihrem Kind für erwünschte Verhaltensweisen aber nicht nur Gutscheine, sondern immer auch Lob und Anerkennung, vor allem, wenn das Kind genügend solcher Gutscheine beisammen hat, um sie für ein Geschenk einzulösen. Langfristig hat dieses System wie jedes andere in diesem Buch beschriebene Verfahren das Ziel, sich selbst überflüssig zu machen, d.h. nach und nach »ausgeblendet« zu werden. Dies Ziel wird auf zweierlei Weise erreicht. Zum einen kann die anfangs belohnte Verhaltensweise für sich allein schon eine

Verstärkung für das Verhalten des Kindes werden; wenn man beispielsweise ordentliche Schrift durch Gutscheine oder sonstige Belohnungen verstärkt, bekommt das Kind oft nach einiger Zeit selbst Spaß daran, eine schöne Handschrift zu haben. Zum anderen kann die erwünschte Verhaltensweise durch ihre Folgen in anderen Situationen verstärkt werden; Verstärkung von Hausaufgaben durch Gutscheine oder andere Methoden führt beispielsweise häufig auch zu besseren Leistungen in der Schule, für die das Kind vom Lehrer gelobt wird, was wiederum die Hausaufgaben positiv beeinflußt und weitere Verstärkungen für schulische Fortschritte mit sich bringt. Materielle Belohnungen sind dann gar nicht mehr nötig.

Vereinbarungen mit Kindern

Die Erwachsenen verlassen sich bei der Erziehung und Anleitung ihrer Kinder allzu oft auf die höchst zweifelhafte Wirkung von Strafen und Strafdrohungen. Man sagt seinem Sprößling beispielsweise, er solle sich entsprechend verhalten, wenn er nicht bestraft werden wolle. Dies könnte man als einen Versuch des Erwachsenen ansehen, mit dem Kind eine Art Vertrag zu schließen oder bestimmte Vereinbarungen zu treffen. Dieser Vertrag sieht aber vor, daß das Kind, um *nicht* bestraft zu werden, bestimmte Verhaltensweisen zeigen muß. Sie könnten Ihrem Kind beispielsweise erklären: »Wenn du dein Fleisch nicht aufißt, kriegst du hinterher auch keinen Pudding!« Es handelt sich hier um eine höchst *negative* Vereinbarung; wir haben ja schon gesehen, zu welch mageren oder unvorhergesehenen Ergebnissen Bestrafung führen kann. Sinnvolle und wirksame vertragliche Vereinbarungen sollten von den *positiven* Vertragsfolgen ausgehen. Dementsprechend könnte ein Lehrer beispielsweise sagen: »Sobald du gezeigt hast, daß du diese Aufgabe verstanden und gelernt hast, darfst du frei wählen, womit du dich in der Klasse beschäftigen möchtest.«

Im Alltagsleben stoßen wir auf Schritt und Tritt auf solche positiven Vereinbarungen; die meisten zwischenmenschlichen Verhaltensweisen beruhen auf solchen Abmachungen. Einige dieser Abkommen werden ganz formell geschlossen, wobei die

Vertragspartner ihre jeweiligen Verantwortungsbereiche, Aktionsräume und Verpflichtungen in allen Einzelheiten schriftlich niederlegen. Die meisten Vereinbarungen werden jedoch ganz formlos getroffen, ja häufig nicht einmal ausgesprochen. Die sogenannte »glückliche Ehe« beruht beispielsweise auf einer Vielzahl positiver Vereinbarungen zwischen den Partnern.

Abmachungen zwischen Eltern und Kindern können natürlich anfangs durchaus einseitig sein. Die Eltern setzen die Bedingungen und Maßnahmen fest, durch die sie das Verhalten ihrer Kinder beeinflussen möchten. Das Ziel besteht aber letztlich darin, das Kind als Partner in die Vereinbarung einzubeziehen und ihm einen Teil der Verantwortung zu übertragen, so daß es die Folgen seiner Verhaltensweisen zumindest teilweise selbst bestimmen kann. Wenn das Kind etwas größer geworden ist, schließt es gewissermaßen mit sich selbst einen Vertrag, der es verpflichtet, erst seine Hausaufgaben zu erledigen, damit es später Zeit hat, ein spannendes Buch weiterzulesen. In dieser Phase sieht das Kind möglicherweise schon von

selbst ein, daß das regelmäßige Erledigen seiner Hausaufgaben langfristig viele Vorteile bringt.
Wie bei den anderen Methoden zur Verhaltensänderung spielt die Verstärkung oder Belohnung auch bei Vereinbarungen zwischen Eltern und Kind eine äußerst wichtige Rolle. Die Verstärkung kann in Dingen bestehen, die das Kind mag, also in Zuwendung seitens der Eltern, in Lob, Interesse und Anerkennung, in der Gelegenheit zur Ausübung einer Lieblingsbeschäftigung, in Teilnahme an sportlichen Betätigungsmöglichkeiten, in der Erlaubnis, abends länger fernzusehen usw. Sie wissen sicher selbst am besten, welche Art von Belohnung bei ihren Kindern am besten ankommt. Wenn diese Belohnungen den gewünschten Erfolg bringen sollen, müssen sie erstens dem Kind in hohem Maße erstrebenswert erscheinen und zweitens außerhalb der Vertragsbedingungen nicht so leicht erhältlich sein.
Beim Abschluß solcher Vereinbarungen sollte man auch noch auf einige andere Dinge achten. Beteiligen Sie Ihr Kind unbedingt immer vom frühesten Stadium des Vertragsentwurfes an den Vereinbarungen, auch wenn das Ganze anfangs noch recht einseitig ist, und zögern Sie nicht, das Abkommen in regelmäßigen Abständen (etwa alle 8 oder 14 Tage) auf den jeweils neusten Stand zu bringen. Diese Vereinbarungen werden normalerweise mündlich getroffen; bei ernsteren Verhaltensproblemen und wenn die Kinder schon größer sind, kann es ratsam sein, schriftliche Abkommen zu treffen, vor allem dann, wenn der Vertrag eine Reihe bestimmter Aufgaben für das Kind vorsieht. Dadurch kann man späteren Auseinandersetzungen darüber, ob eine bestimmte Regelung nun von Anfang an vereinbart war oder nicht, vorbeugen. Neben diesen allgemeinen Ratschlägen gibt es aber auch noch einige spezielle Regeln für Vereinbarungen zwischen Eltern und Kind, an die man sich unbedingt halten sollte.

1. Regel: Wenn in der Vereinbarung bestimmte Belohnungen vorgesehen sind, so sollten die entsprechenden Leistungsanforderungen zumindest anfangs vom Kind leicht zu erfüllen sein.

2. Regel: Belohnungen gibt es nur, *nachdem* das Kind die ersten Vertragsbedingungen erfüllt hat, *niemals* vorher. (Bei kleinen Kindern müssen die Eltern besonders darauf achten, daß das Kind die vereinbarte Belohnung unmittelbar nach der Erfüllung der jeweiligen Bedingung erhält.)

3. Regel: Das Abkommen muß ehrlich, fair und unmißverständlich sein. Lassen Sie das Kind auf keinen Fall darüber im unklaren, was im einzelnen von seiner Seite erwartet wird, und versuchen Sie, angemessene Formen der Belohnung dafür zu finden.

4. Regel: Formulieren Sie die Vertragsbedingungen immer positiv. Wenn Sie Ihrem Kind sagen: »Wenn du deinen Teller leergegessen hast, bekommst du deinen Pudding«, sind die Erfolgsaussichten sehr viel größer als bei der negativen Formulierung »Wenn du deinen Teller nicht leerißt, bekommst du auch keinen Pudding«.

5. Regel: Achten Sie sorgfältig darauf, daß Sie selbst konsequent sind und Ihren Verpflichtungen aus dem Abkommen mit Ihrem Kind stets pünktlich und vollständig nachkommen. Wenn die Eltern sich nicht an die bestehenden Vereinbarungen halten, kann das oft unerfreuliche Konsequenzen haben, wie das folgende Beispiel zeigt:

Andreas war zwölf Jahre alt und besuchte die höhere Schule. Er galt schon seit längerem – auch in seiner Grundschulzeit – als etwas schwieriges Kind und wurde während der ersten beiden Monate in der 6. Klasse sowohl für seine Lehrer als auch für seine Mitschüler zu einem echten Problem. Andreas war ständig in Prügeleien verwickelt, störte häufig den Unterricht und folgte überhaupt nicht. Eines Tages ließ einer seiner Lehrer den Jungen im Klassenzimmer zurückbleiben, während die anderen Kinder gehen durften. Andreas geriet darüber so außer sich, daß er all seine Sachen und die seiner Platznachbarn quer durchs Klassenzimmer feuerte. Der Direktor bat daraufhin die Eltern des Jungen zu sich, um dessen Verhalten in Schule und Elternhaus zu diskutieren und gemeinsam Möglichkeiten zu finden, Andreas zu helfen. Andreas' Klassenlehrer nahm ebenfalls an der Besprechung teil und machte den Vorschlag, es doch einmal mit einem Abkommen zwischen den Eltern, den Lehrern und Andreas zu versuchen, um den Jungen zu motivieren, sein aggressives Verhalten abzubauen.

Andreas war mit der Vereinbarung, die seine Eltern und Lehrer »ausgetüftelt« hatten, durchaus einverstanden, ja, er fand sogar großen Gefallen daran. Seine Eltern hatten ihm erklärt, sie wollten ihm ein Fahrrad kaufen, was ihre Seite des Vertrags darstellen sollte. Dafür verpflichtete sich der Junge, sein Betragen und seine Mitarbeit in der Schule zu verbessern. Einem detaillierten Plan zufolge sollte der Klassenlehrer Andreas am Ende eines jeden Schultags einen Pluspunkt gutschreiben, wenn der Junge keinen Tadel wegen aggressiver oder den Unterricht störender Verhaltensweisen bekommen hatte. Der Lehrer sollte Andreas' Eltern regelmäßig davon unterrichten, wieviel Punkte ihr Sohn inzwischen gesammelt hatte, damit sie sich ebenfalls an dem Prozeß der Verhaltensänderung beteiligen konnten, indem sie Andreas ihre Freude über seine Fortschritte zeigen und ihn entsprechend loben konnten, wenn er wieder einen Punkt »verdient« hatte. Wenn Andreas sich mit anderen Kindern prügelte oder sonstwie den Schulbetrieb störte, sollten ihm fünf Minuspunkte abgezogen werden; um das Fahrrad zu bekommen, brauchte Andreas insgesamt 30 Punkte. Diese Regelung wurde in allen Einzelheiten schriftlich niedergelegt.

Andreas wurde während der nächsten Wochen nicht gerade zum Musterschüler, war aber sowohl Lehrern als Mitschülern gegenüber längst nicht mehr so aggressiv wie früher. Nach einer »Eingewöhnungsphase« von zwei Wochen gab der Junge fast einen Monat lang in der Schule keinerlei Anlaß zu Klagen mehr, so daß er seine 30 Punkte schon beinahe erreicht hatte. Zu diesem Zeitpunkt eröffneten ihm seine Eltern (die diese »Wohlverhaltensphase« ihres Sohnes unbedingt verlängern wollten), sie wollten ihm das Fahrrad erst zu seinem Geburtstag in weiteren sechs Wochen kaufen. Das Ergebnis war vorherzusehen: Andreas' Verhalten sowohl in der Schule als auch zu Hause verschlechterte sich rapide. Der Junge gab Eltern und Lehrern unverschämte Antworten, war trotzig und bokkig, schwänzte die Schule, schlug zwei kleinere Jungen grün und blau und störte tagelang so massiv den Unterricht, daß er bis zu den Herbstferien vom Unterricht ausgeschlossen wurde.

Andreas' Eltern hatten ganz offensichtlich das gemeinsam ausgehandelte Abkommen verletzt, so daß die – allerdings etwas übertriebene – Reaktion des Jungen unter diesen Umständen kaum überraschen kann. Dieser Vertragsbruch erschwert darüber hinaus künftige Versuche der Eltern, Andreas' aggressives Verhalten unter Kontrolle zu bringen, weil der Junge zumindest in dieser Situation gelernt hat, daß er seinen Eltern nicht trauen kann.

Besprechung des Abschnitts »Was tun Sie, wenn ...?«

1. Wenn man versucht, das Interesse eines Kindes an der Schule oder an sonstigen Dingen zu steigern, muß man unbedingt schon entsprechende Ansätze des Kindes in dieser Richtung belohnen und nicht erst die fertige Leistung. Alle vier der in diesem Beispiel als Antwort angeführten Möglichkeiten sind eine Belohnung für das Kind. Obwohl jede der genannten Verstärkungsmethoden für sich zufriedenstellend funktioniert, kann man mit ihrer Kombination (D) wahrscheinlich die besten Ergebnisse erzielen.
Lob und Anerkennung sind als Verstärker natürlich besonders wichtig; kleine Geschenke wirken bei vielen Kindern ebenfalls gut. Wenn man ein Kind daran gewöhnt, daß es für »verdiente« Sterne oder Pluspunkte später ein kleines Geschenk bekommt, gibt man dem Kind Gelegenheit, seine eigenen Fortschritte mitzuverfolgen. Bringen Sie die Punktliste oder Sternkarte irgendwo in der Wohnung an, wo sie jederzeit greifbar und gut zu sehen ist, aber führen Sie, zumindest am Anfang, am besten selbst Buch. Bringen Sie am Ende der Sternreihe (wie auf der folgenden Abbildung) eine Abbildung oder ein Symbol des einzutauschenden Geschenks an.

Dieses Kind hat zwei Sterne für seinen Preis verdient.

2. Wenn Sie mit Ihrem Kind bestimmte Vereinbarungen treffen – seien es mündliche oder schriftliche –, sollten Sie die in diesem Kapitel behandelten Regeln beachten.

Im Fall A wird nicht gesagt, was man unter »Mithelfen« versteht. Peter weiß folglich gar nicht, was er im einzelnen tun soll, um in den Genuß der angekündigten Überraschung zu kommen. Antwort B ist falsch, weil es sich hier um eine negative Vereinbarung handelt. Man droht Peter, ihm eine Belohnung zu verweigern, wenn er sein Zimmer nicht aufräumt. Im Fall C handelt es sich um das beste Abkommen, weil hier klar definiert wird, was das Kind tun soll und worin die Belohnung bestehen wird. Nach Überprüfung des Zimmers kann die Mutter entscheiden, ob das Kind anschließend fernsehen darf oder nicht. Im Fall D haben wir es eindeutig mit einer Strafdrohung zu tun, die kein geeignetes Mittel zur Verhaltensänderung darstellt.

3. In diesem Beispiel geht der Versuch, eine Vereinbarung zu treffen, vom Kind aus. Wenn die Eltern der Lösung A oder B zustimmen, machen sie ein »schlechtes Geschäft«. Im Fall A steht die Verstärkung vor der Erfüllung der Aufgabe, während die Belohnung im Fall B nach Art und Umfang in keinem Verhältnis zur Leistung des Kindes steht. Vereinbarungen müssen einigermaßen ausgewogen sein; bei diesem Beispiel schließen Eltern und Kind keinen ausgewogenen Vertrag, sondern das Kind bestimmt, was es als Belohnung dafür haben will, wenn es etwas Bestimmtes ißt!
In den Fällen C und D sind Leistung und Belohnung ausgewogen, fair und eindeutig.

Kontroll-Quiz zur Gedächtnisstütze

Stellen Sie fest, was an den folgenden Vereinbarungen »faul« ist, und wählen Sie aus der nachstehenden »Mängelliste« eine Bezeichnung aus:

A unehrlich
B unfair
C Belohnung vor Leistung
D unklar
E inkonsequent
F Belohnung verzögert
G negative Vereinbarung

1. »Also gut, Jürgen – du kannst meinetwegen heute vormittag auf den Spielplatz gehen, aber heute nachmittag mußt du dann deine Hausaufgaben fürs Wochenende machen.«

Fehler: . . . .

2. »Sabine, wenn du im Garten alles Unkraut jätest, gebe ich dir 50 Pfennige.« (Arbeit von zwei Stunden)

Fehler: . . . .

3. »Günther, wenn du dieses Frühjahr regelmäßig den Mülleimer ausleerst, nehme ich dich in den Sommerferien mit zum Reiten.«

Fehler: . . . .

4. »Benimm dich anständig bei Tisch, Gisela, sonst bekommst du keinen Nachtisch.«

Fehler: . . . .

Antworten 1: C, Belohnung vor Leistung; 2: B, unfair; 3: F, Belohnung verzögert; 4: G, negative Vereinbarung

9. Wie man ein Programm zusammenstellt

Was tun Sie, wenn ...?

Der zwölfjährige Stefan lebt zusammen mit seiner Mutter und seinem Bruder. Seine Mutter kocht gern und gut, und Stefan ist ein guter Esser. Sein Hauptproblem – zumindest aus der Sicht der Mutter – besteht darin, daß er nicht rechtzeitig zum Essen nach Hause kommt. Seine Mutter macht ihm aber immer etwas zu essen, gleichgültig, wie spät der Junge kommt.

1. Angenommen, Sie sollten der Mutter einen guten Rat geben – welche der folgenden Maßnahmen würden Sie ihr für den Anfang empfehlen?

A Die Mutter soll Stefan erklären, daß er nur dann etwas zu essen bekommt, wenn er pünktlich zu den Mahlzeiten zu Hause ist.

B Die Mutter soll Stefan eine feste Zeit setzen, zu der er heimkommen muß.

C Die Mutter soll Stefans Verhaltensweisen aufzeichnen, bevor sie sie zu verändern versucht.

2. Wählen Sie aus dem Folgenden die beiden wichtigsten Schritte, die Stefans Mutter gleichzeitig tun kann:

A sich aufschreiben, wann Stefan nach Hause kommt;

B sich Dinge ausdenken, über die Stefan sich freut und die ihn dazu bringen könnten, früher heimzukommen;

C den Jungen ausschimpfen und bestrafen, wenn er zu spät zum Essen kommt.

3. Woran erkennt Stefans Mutter die Wirksamkeit ihrer Maßnahmen, wenn sie begonnen hat, Stefans Verhalten zu ändern?

A anhand ihrer Notizen und graphischen Darstellungen über das Geschehen;

B an dem Gefühl, daß sie jetzt nicht mehr so lange auf Stefan warten muß wie früher;

C an den Bemerkungen von Freunden und Nachbarn über Stefans Fortschritte.

Antworten: 1: B; 2: A+B; 3: A

Dieses Kapitel soll Ihnen zeigen, wie man die in früheren Kapiteln beschriebenen Methoden zu einem Gesamtplan kombinieren kann, um Verhaltensprobleme zu lösen. Bevor wir uns aber an diese neue Aufgabe machen, wollen wir uns die wichtigsten Punkte aus dem schon Behandelten noch einmal ins Gedächtnis rufen.

Es wurde immer wieder darauf hingewiesen, wie wichtig es ist, die konkreten Verhaltensweisen Ihres Kindes genau zu beobachten und klar zu beschreiben. Es fällt Ihnen vielleicht noch etwas schwer, in diesen Kategorien zu denken und Ihre eigenen Reaktionen gründlich genug zu überprüfen, um allzu subjektive Wertungen des Verhaltens Ihres Kindes ausschalten zu können. Ihre Bemühungen, das Verhalten des Kindes zu verändern, sind dadurch sehr behindert. Wenn Sie trotz dieser Anfangsschwierigkeiten weitermachen und die Verhaltensweisen Ihres Kindes in der genannten Weise systematisch definieren und aufzeichnen, können Sie sehr viel besser beurteilen, ob etwaige Veränderungen in den Reaktionen der Eltern und sonstiger Bezugspersonen dem Kind helfen können. Sie haben jetzt gewissermaßen gelernt, einige der bisher schon praktizierten Erziehungsmaßnahmen von ihrem Glücksspielcharakter zu befreien. Mit Hilfe der erwähnten Aufzeichnungsverfahren können Sie dann feststellen, ob und wann im Verhalten Ihres Kindes Veränderungen eingetreten sind und welche Ursachen diese Veränderungen bewirkt haben.

Ein weiterer Hauptaspekt der bisherigen Kapitel war die Wirkung von Verstärkungen auf das Verhalten des Kindes. Sie können bestimmte Verhaltensweisen Ihres Kindes verstärken, wenn Sie unmittelbar nach deren Auftreten etwas tun, das dem Kind angenehm ist, also etwas Lob und Anerkennung spenden. Dabei muß man natürlich immer daran denken, daß dieser Lernprozeß durchaus wechselseitig ist. Die Reaktionen Ihres Kindes auf das, was Sie sagen oder tun, beeinflussen nämlich auch Ihre künftigen Verhaltensweisen. Die Frage, ob ein Kind unfolgsam ist, weil seine Mutter nicht lieb zu ihm ist, oder ob die Mutter deshalb so verärgert ist, weil ihr Kind nicht folgen will, ähnelt sehr stark der Frage, ob das Ei oder die Henne zuerst da war, denn es ist äußerst schwierig festzustellen, wer von den beiden den anderen stärker beeinflußt!

Kinder sind sowohl hinsichtlich ihrer körperlichen Merkmale

als auch hinsichtlich der Bedingungen, unter denen sie aufwachsen, sehr verschieden. Es ist daher unmöglich, für jedes Kind und für jede Situation zu sagen, was man am besten tun sollte. Wir können daher bestenfalls einen allgemeinen Leitfaden anbieten, anhand dessen die Eltern ihre eigenen Methoden

und Programme für Verhaltensänderungen bei ihren Kindern entwickeln können. Dieses Kapitel soll daher die scheinbar unvermittelt nebeneinanderstehenden Maßnahmen und Methoden miteinander verbinden und aufzeigen, wie man sie zu einem ganz speziellen Programm für ganz individuelle Erziehungsprobleme kombinieren kann.

Allgemeine Aspekte eines Programms

Wenn die Eltern versuchen, ihrem Kind neue oder veränderte Verhaltensweisen beizubringen, sollten sie Schritt für Schritt vorgehen und dabei die hier skizzierte Reihenfolge einhalten:

1. Stellen Sie erst einmal fest, welche Aspekte der Verhaltensweisen Ihres Kindes das Kind selbst oder dessen Umwelt in Schwierigkeiten bringt. Definieren Sie dies so, daß Sie, davon ausgehend, genau beobachten und beschreiben können, was Ihr Kind konkret tut (vgl. 4. Kapitel).

2. Prüfen Sie, ob Sie auch wirklich die Verhaltensweisen Ihres Kindes aufzeichnen wollen und nicht etwa indirekt Ihre eigenen (vgl. 5. Kapitel).

3. Beginnen Sie damit, Notizen und graphische Darstellungen über das Verhalten des Kindes anzufertigen, und zwar *bevor* Sie versuchen, diese Verhaltensweisen zu beeinflussen. Setzen Sie Ihre Aufzeichnungen so lange fort, bis Sie ganz sicher sein können, ein klares Bild über die Bedingungen für das Auftreten des betreffenden Verhaltens gewonnen zu haben (vgl. 5. Kapitel).

4. Stellen Sie eine Liste von Dingen zusammen, die Ihrem Kind Freude machen und später als Belohnungen und Verstärkungen verwendet werden können (vgl. 3. Kapitel).

5. Beobachten Sie genau, unter welchen Bedingungen die unerwünschte Verhaltensweise Ihres Kindes jeweils auftritt (vgl. 2. und 3. Kapitel). Die wichtigsten Punkte sind:
   a) Was geschah sonst noch in der Zeit vor dem Auftreten der betreffenden Verhaltensweise?
   b) Wo trat sie auf und wer war dabei?
   c) Was geschah nach dem Vorfall oder der betreffenden Verhaltensweise? Wurde dem Kind beispielsweise keinerlei Beachtung geschenkt, oder erregte es allgemeine Aufmerksamkeit? Hat das Kind damit erreicht, was es wollte?

6. Überlegen Sie sich alternative Verhaltensweisen, die Ihr Kind anstelle der unerwünschten Handlungen zeigen könnte und die Sie gerne sähen. Bei solchen Alternativen sollte es sich um Verhaltensweisen handeln, die Sie jederzeit durch Aufmunterung, Lob, Zuwendung oder Belohnungen verstärken können.

7. Wählen Sie die für das Erlernen der neuen oder alternativen Verhaltensweise am besten geeignete Methode aus (vgl. 7. und 8. Kapitel).

8. Fertigen Sie sich eine Gliederung des Programms an, zu dessen Anwendung Sie sich entschlossen haben, und zwar mit folgendem Inhalt:

a) Beschreibung des unerwünschten Verhaltens.
b) Die Methode, mit deren Hilfe Sie dem Kind die neue oder alternative Verhaltensweise beibringen wollen.
c) Die Art, wie Sie diese erwünschte Verhaltensweise verstärken wollen.
d) Die geeignete Methode, um das ganze Geschehen aufzuzeichnen.

9. Beginnen Sie Ihr Programm damit, daß Sie die für den Aufbau neuer oder alternativer Verhaltensweisen empfohlene Methode verwenden und ganz bewußt und gezielt die Konsequenzen für das Verhalten Ihres Kindes bestimmen.

10. Machen Sie sich während des gesamten Programmverlaufs regelmäßig Notizen über einzelne Verhaltensbeispiele, die Sie an Ihrem Kind beobachten.

11. Wenn das Programm bei Ihrem Kind zu Verhaltensänderungen im gewünschten Sinne führt, was Sie anhand Ihrer Aufzeichnungen und graphischen Darstellungen genau feststellen können, dann setzen Sie dieses Programm fort.

12. Zeigen sich dagegen keine nennenswerten Fortschritte, dann überprüfen Sie,
    a) ob Sie die neue Verhaltensweise, wie im 2. und 3. Kapitel empfohlen wurde, entsprechend verstärkt oder nicht vielleicht doch den alten Angewohnheiten des Kindes zu viel Aufmerksamkeit geschenkt haben;
    b) ob die verwendete Verstärkungsweise stark genug war, um dem Kind eine Änderung seines bisherigen Verhaltens »schmackhaft« machen zu können;
    c) ob Sie eine geeignete Alternativverhaltensweise gewählt haben.

Anhand der vorausgehenden Kapitel haben Sie sicher eine gewisse Vorstellung von den Methoden gewonnen, die für Verhaltensänderungen erforderlich sind; Sie sind jetzt auch mit den Grundzügen der Programmplanung für solche Verhaltensänderungen einigermaßen vertraut. Nun können Sie die entsprechenden erzieherischen Maßnahmen dadurch einüben, daß Sie sich eines der unbedeutenderen Verhaltensprobleme Ihres Kindes heraussuchen und es durch systematische Anwendung der aufgezeigten Schrittfolgen zu beeinflussen versuchen.

Besprechung des Abschnitts »Was tun Sie, wenn ...?« (S. 103)

Stefan, der Junge aus diesem Fallbeispiel, käme höchstwahrscheinlich ganz von selbst pünktlich zum Essen, wenn seine Mutter ihm nicht trotz seiner Verspätung jedesmal eine »Extrawurst« briete. Da der Junge ein guter Esser ist, wirkt Nahrung bei ihm als guter Verstärker. Seine Mutter verstärkt also in gewisser Hinsicht seine Unpünktlichkeit bei den Mahlzeiten, indem sie eigens für ihn noch etwas kocht, wenn er endlich nach Hause zu kommen geruht. Unter diesen Umständen versäumen viele Eltern einfach den ersten wichtigen Schritt, nämlich dem Kind klarzumachen, was pünktliches Erscheinen zu den Mahlzeiten bedeutet (Antwort 1: B). Ist dies erst einmal klar definiert, kann die Mutter oder der ältere Bruder damit beginnen, sich bei jeder Mahlzeit Notizen über Stefans Verspätung zu machen, und sich gleichzeitig überlegen, was man später als Verstärkung für pünktliches Erscheinen verwenden könnte (Antwort 2: A und B).
Wenn man genügend Informationen über Stefans derzeitiges Verhalten gesammelt hat, kann das Programm zur Verhaltensänderung beginnen. Auch wenn Stefans Mutter subjektiv den Eindruck hat, Stefan mache dadurch bestimmte Fortschritte, sollte sie den Erfolg ihrer Maßnahmen doch lieber mit Hilfe der bei den Mahlzeiten aufgezeichneten Informationen messen (Antwort 3: A).

Kontroll-Quiz zur Gedächtnisstütze

Bringen Sie die folgenden Einzelmaßnahmen in die richtige Reihenfolge für ein Programm zur Verhaltensänderung.

...... A Prüfen Sie anhand Ihrer Aufzeichnungen nach, ob Ihr Verhaltensänderungsprogramm auch funktioniert.

. . . . . . B Überlegen Sie sich, wie Sie das derzeitige Verhalten Ihres Kindes am besten beobachten und aufzeichnen können.

. . . . . . C Definieren Sie die Verhaltensweisen des Kindes, die Sie ändern wollen, klar und eindeutig.

. . . . . . D Ändern Sie das Programm ab, wenn es nicht entsprechend wirkt.

. . . . . . E Entwerfen Sie ein Programm zur Verhaltensänderung, das die zu verwendende Lehrmethode und Verstärkungsweise sowie den Aufzeichnungsmodus enthält.

. . . . . . F Sammeln Sie Informationen über die Verhaltensweisen Ihres Kindes, bevor Sie darangehen, diese zu verändern.

Antworten: Die richtige Reihenfolge sieht folgendermaßen aus: 1: C; 2: B; 3: F; 4: E; 5: A; 6: D

10. Zusammenarbeit zwischen Eltern und Schule

Was tun Sie, wenn ...?

Entwerfen Sie eine Folge von Maßnahmen, die die Eltern ergreifen sollten, um ihren Kindern in den folgenden Beispielen zu helfen:

1. Der neunjährige Werner ist ein intelligenter, lebhafter Junge voller Selbstbewußtsein und Courage. Er ist bei den anderen Jungen in Schule und Nachbarschaft sehr beliebt. Auch sein Lehrer mag ihn gern und gibt ihm manchen nützlichen Tip für sein Lieblingshobby, das Briefmarkensammeln. Werner hat noch drei jüngere Geschwister.
Während des vergangenen Jahres gab es in Werners Familie eine Reihe von Krisen und Streß-Situationen, durch die das Verhalten der Eltern gegenüber den Kindern eine Zeitlang sehr inkonsequent war. Oft waren die Eltern gereizt und nervös, so daß sie die Kinder wegen Dingen anbrüllten, die sie normalerweise gar nicht störten. Dann wieder kümmerten sich die Erwachsenen vor lauter eigenen Sorgen und Problemen überhaupt nicht um aggressive und destruktive Verhaltensweisen ihrer Kinder. Diese kritische Phase ist nun glücklicherweise vorbei; die Eltern haben ihre persönlichen Probleme inzwischen gelöst und können sich wieder mehr den Kindern widmen. Werners Verhalten, das sich während der Zeit familiärer Schwierigkeiten sehr verschlechtert hatte, hat sich aber trotz der günstigeren Situation im Elternhaus nicht wieder normalisiert. Früher hatte Werner recht gut zu Hause mitgeholfen und sich ganz vernünftig benommen. Seit der einjährigen häuslichen Krise hatte er sich jedoch angewöhnt, abends lange nicht nach Hause zu kommen, jede Mitarbeit im Haushalt zu verweigern und seiner Mutter einfach nicht mehr zu folgen. Sein Verhalten führt gelegentlich zu Bestrafungen durch den Vater, aber auch zu Auseinandersetzungen zwischen den Eltern darüber, was zu tun sei. Auch körperliche Züchtigungen durch den Vater zeigen keinen nennenswerten Erfolg, sondern führen dazu, daß Werner eher noch schwieriger wird. In Zeiten, in denen Werners Eltern besonders schlecht mit dem Jungen zu-

rechtkamen, schickten sie ihn übers Wochenende zu seiner Tante aufs Land. Dort benimmt er sich einwandfrei, und die Tante freut sich immer sehr über seinen Besuch. Werners Eltern fragen sich, was sie tun sollen.

2. Bis vor zwei Jahren war die jetzt vierzehnjährige Gabi sehr gut in der Schule, doch inzwischen machen sich ihre Lehrer über Gabis besorgniserregenden Leistungsabfall Gedanken. Sie besprachen dieses Problem auch mit den Eltern des Kindes. Gabi war immer ein aufgewecktes, phantasiebegabtes Mädchen, das mit großer Begeisterung Abenteuerbücher und entsprechende Fernsehfilme »verschlingt«. Ihre Eltern, die selbst über keine höhere Schulbildung verfügen, wollen ihre Tochter zwar unbedingt etwas lernen lassen, nehmen aber kaum Anteil an Gabis schulischen Angelegenheiten. Trotzdem ist es ihnen selbst schon aufgefallen, daß Gabi sehr viel weniger Hausaufgaben macht als früher.
Die Leistungsanforderungen in Gabis Schule sind sehr hoch, und die Hausaufgaben haben gerade in letzter Zeit sehr zugenommen. Gabi beschäftigt sich auch immer eine Zeitlang mit ihren Aufgaben, verliert aber sehr schnell die Ausdauer und »verdrückt« sich lieber mit einem spannenden Buch oder vor den Fernsehapparat, vor allem wenn ein Western, Krimi oder Horrorfilm gezeigt wird. Wenn ihre Lehrer ein ernstes Wörtlein mit ihr geredet haben, gibt sie sich ein oder zwei Tage lang etwas mehr Mühe mit ihren Hausaufgaben, läßt aber sehr schnell wieder nach und sieht stundenlang fern.
Alle sind sich darüber einig, daß Gabi intelligenzmäßig spielend mit ihrer Arbeit zurechtkäme und daß es für ihren Leistungsabfall in der Schule keinen anderen Grund gibt als die Tatsache, daß sie schlicht und einfach das Interesse daran verloren hat. Ihre Eltern und Lehrer machen sich nun Gedanken darüber, wie sie Gabi helfen können.

Antworten: Siehe Besprechung des Abschnitts »Was tun Sie, wenn . . .?« auf S. 120.

Es ist gar nicht so einfach, ein Programm zur Veränderung unerwünschter Verhaltensweisen mit der in diesem Buch empfohlenen Präzision durchzuführen. Zunächst stellt sich einmal das Problem der Anfangsmotivation – die meisten Menschen wollen sich nämlich nicht mit erzieherischen Maßnahmen belasten, die zunächst mehr zeitlichen und sonstigen Aufwand erfordern, als man gewöhnlich einzubringen bereit ist. Hat man aber eine systematische Verhaltensänderung bei seinen Kindern einmal in Angriff genommen, verspürt man oft wenig Lust und Laune, alles ganz ausführlich schriftlich festzuhalten

und in graphische Darstellungen umzusetzen. Ein weiterer Problempunkt ist die Bereitschaft der Eltern, ihr Verhaltensänderungsprogramm auch nach dem Auftreten der ersten Erfolge konsequent fortzusetzen und durchzuhalten. Wir wollen auf diese wichtige Frage zuerst eingehen.
Wenn man verhindern will, daß die nach einiger Zeit erzielten Fortschritte nach und nach wieder verlorengehen, muß man das verwendete Programm regelmäßig auf seine weitere Taug-

lichkeit überprüfen. Das ganze Verfahren kann nämlich mit der Zeit ausgesprochen reiz- und witzlos werden, zum Beispiel, wenn ein Kind immer noch dafür belohnt wird, daß es eine einfache Rechenaufgabe, über die es längst hinausgewachsen ist, lösen kann. Sobald das zu Anfang gesetzte Lernziel erreicht ist, sollte ein neues und eventuell komplexeres Lernziel aufgestellt werden. Die Aufzeichnungen über den gesamten Ablauf der Verhaltensänderung, vor allem aber eine entsprechende graphische Darstellung, sind ein unschätzbarer Anzeiger für bereits erzielte Fortschritte und für den Zeitpunkt für die Einführung neuer Verfahren, die den vielfältigen Lernprozeß einen weiteren Schritt voranbringen. Ihr Kind wird sich allmählich in seinem Verhalten immer mehr dem von Ihnen gesteckten Ziel nähern, wenn Sie erwünschte Verhaltensweisen systematisch belohnen und unerwünschten ebenso systematisch die Verstärkungen entziehen.

Viele Eltern achten nicht genügend darauf, daß sie ihrerseits genügend Verstärkungen für das eigene Verhalten bei der Durchführung des Programms erhalten. Dies hat oft zur Folge, daß die Eltern die Flinte zu früh ins Korn werfen und das Programm dadurch zum Scheitern verurteilen. Wir sind schließlich alle darauf angewiesen, daß unser Verhalten durch irgendeine Form von Belohnung verstärkt wird, bei deren Fehlen wir dazu neigen, aufzugeben, Lust und Interesse zu verlieren und bei auftretenden Schwierigkeiten zu schnell die Waffen zu strecken. Sie sollten sich daher unbedingt Gedanken darüber machen, wie Sie Ihr Engagement und Ihr Durchhaltevermögen aufrechterhalten können, bevor Sie sich überhaupt auf das Verhaltensänderungsprogramm einlassen. Sie werden sich fragen, wie man das macht. Am zweckmäßigsten ist es wohl, sich der Mitarbeit von mindestens einem weiteren Familienmitglied an dem Programm zu versichern, damit Sie entsprechenden Rückhalt und Verstärkung finden; man hält sich dann gewissermaßen gegenseitig »bei Laune«. Man kann auch Geschwister dazu bringen, am Programm der Eltern mitzuarbeiten und untereinander bestimmte erwünschte Verhaltensweisen aufrechtzuerhalten. Auch die Ehepartner können einander wichtige Verstärkungen für das Durchhalten des Programms liefern. Ihr Mann oder Ihre Frau kann Sie beispielsweise irgendwie dafür belohnen, daß Sie den Kindern gegenüber konsequenter

sind als früher. Sie können allmählich auch dazu übergehen, regelrechte Abkommen zwischen Ihnen, Ihrem Kind und einem anderen Mitglied der Familie zu treffen und Ihrem eigenen Bedürfnis nach Belohnung für erwünschte Verhaltensweisen darin Rechnung tragen, indem Sie bestimmte Verstärkungsweisen für sich selbst in die Vereinbarung einbauen.
Wenn Sie anfangen, Informationen über das zu verändernde Verhalten Ihres Kindes zu sammeln und auszuwerten, fallen Ihnen dabei zwangsläufig eine Reihe Ihrer eigenen Verhaltens- und Reaktionsweisen in diesem Zusammenhang auf, was Ihr Interesse an der ganzen Aktion zumindest für eine Weile verstärken dürfte. Die tagtägliche Mühe, systematische Verhaltensbeobachtungen anzustellen und entsprechend darüber Buch zu führen, kann einem aber nach einiger Zeit einfach zu viel werden. Haben Sie erst einmal über einen gewissen Zeitraum vor dem Einsatz verhaltensändernder Verfahren entsprechendes Informationsmaterial gesammelt und dabei wichtige Erfahrungen gewonnen, dann können Sie das zeitraubende Dokumentationsstadium ruhig ein bißchen verkürzen. Sie können zum Beispiel mit der Verhaltensbeobachtung und -beschreibung ein paar Tage oder gar Wochen aussetzen, bis Ihre neue Verstärkungsmethode die ersten Erfolge gezeitigt hat, und sich dann stichprobenartig – etwa zwei- oder dreimal in der Woche – weitere Notizen machen. Gleichgültig, welche Art von Abkürzung des Aufzeichnungsverfahrens Sie wählen: Sie sollten auf jeden Fall darauf achten, daß Zeit und Umstände der Verhaltensbeobachtung während der ganzen Aufzeichnungsphase ungefähr gleichbleiben.

Koordination von Elternhaus und Schule

Manche Kinder zeigen sowohl in der Schule als auch zu Hause Verhaltensstörungen, andere dagegen nur in der Schule oder nur im Elternhaus. Die Beziehungen zwischen den Familienmitgliedern reichen oft als Vorbereitung für die später von Lehrern und Mitschülern an das Kind gestellten Anforderungen nicht aus, worin häufig die Ursache von Schulschwierigkeiten begründet liegt. Die Zusammenarbeit von Eltern und Lehrern kann dem Kind aber eine entscheidende Hilfe dafür sein, sich in der neuen Situation zurechtzufinden, seine spezifischen Fähigkeiten zu entfalten und Spaß an der Schule zu finden. Um zu erreichen, daß das Kind sich in der Schule wohlfühlt, müssen die Verstärkungsmethoden, die von den Eltern und von den Lehrern verwendet werden, einander ungefähr entsprechen. Kinder, deren Fehlverhaltensweisen zum Beispiel im Elternhaus durch körperliche Züchtigungen bestraft werden, während sie für positive Verhaltensweisen wenig Beachtung oder Anerkennung finden, sind in der Grundschule möglicherweise kaum zu »bändigen«, weil dort weniger massive Erziehungsmaßnahmen oder völlig ungewohnte Beziehungen zwischen Kind und Erwachsenen praktiziert werden. Das andere Extrem bilden Kinder, die zu Hause überhaupt nicht gelernt haben, sich zu beherrschen, mit anderen zu teilen oder mit kleinen Frustrationen fertigzuwerden; sie werden sich nur sehr schwer an die Schulsituation gewöhnen. Die erste und wichtigste Voraussetzung für eine sinnvolle Zusammenarbeit zwischen Elternhaus und Schule besteht daher in der gegenseitigen Information über jeweilige pädagogische Grundpositionen. Es kommt darauf an, daß das Kind in beiden Umgebungen ähnliche Verstärkungsweisen vorfindet.

Dies kann man einmal dadurch erreichen, daß man das Kind zu bestimmten Aktivitäten in der anderen Umgebung ermuntert und es dafür an Ort und Stelle belohnt. Das Kind erhält dann beispielsweise vom Lehrer Punkte, Sternchen oder andere Gutscheine für gute Schulleistungen und bekommt dafür von den Eltern irgend etwas, was ihm Freude macht.

Sie sollten immer daran denken, daß Sie die Einstellung Ihres Kindes der Schule gegenüber in der gleichen Weise beeinflussen wie alle anderen Einstellungen und Verhaltensweisen des Kindes. Manche Eltern bringen einfach kein Interesse für die schulischen Belange ihres Kindes auf, andere wieder verkehren ihr durchaus vorhandenes Interesse dadurch ins Negative, daß sie allzu penetrant oder ängstlich über die Schulleistungen ihres Sprößlings wachen. In beiden Fällen dürfte die Einstellung der Eltern gegenüber der Schule ganz wesentlich zu den Problemen des Kindes beigetragen haben, wenn sich unerwartete Schwierigkeiten mit der Schule ergeben, wenn das Kind durch schlechte Leistungen oder schlechtes Betragen auffällt oder einfach nicht mehr zur Schule gehen will.

Um kleinere Schwierigkeiten von Anfang an erkennen zu können, bevor sie sich zu echten Problemen auswachsen, sollten Sie sich unbedingt über die Leistungen und die Verhaltensweisen Ihres Kindes in der Schule auf dem laufenden halten. Vom Lehrer kann man nämlich nicht nur über die schulischen Fortschritte des Kindes, sondern auch über dessen soziale Entwicklung wichtige Aufschlüsse erhalten. Wenn die Eltern regelmäßig Kontakt mit den Lehrern ihrer Kinder pflegen und deren schulische und/oder häusliche Schwierigkeiten mit ihnen besprechen, lassen sich viele Probleme leichter durchschauen; Eltern und Lehrer können dann gemeinsam Mittel und Wege finden, dem Kind zu helfen, wobei sie sich viele Anregungen aus diesem Buch zunutzemachen können.

Gemeinsame Arbeit und gemeinsames Spiel

Wenn wir gelernt haben, auftauchende Probleme unverzüglich anzupacken, stellt sich uns dennoch die Frage, was wir sonst noch tun können, wenn wir deren Ausweitung verhindern und für die ganze Familie positive Entwicklungsbedingungen schaffen wollen. Denken wir daran, daß alle Verhaltensweisen, die ein Mensch zeigt, irgendwann gelernt wurden – wir lernen, aggressiv zu sein, zu stehlen, zu lügen oder freundlich zu sein und andere zu lieben. Die Mitglieder einer Familie lernen auf gleiche Weise, sich als Angehörige dieser spezifischen Gruppe zu verhalten. Dieser Lernprozeß beginnt schon in den ersten Wochen nach der Geburt und setzt sich das ganze Leben hindurch fort, wobei die Eltern durch ihre Erziehungspraktiken das Verhalten ihrer Kinder entscheidend beeinflussen.
In Sachen Kindererziehung haben die Eltern oft sehr präzise, aber miteinander in Konflikt stehende Vorstellungen; häufig fühlen sie sich in ihrer Erzieherrolle auch sehr unsicher. Sie können sich auch nicht immer auf die in der eigenen Kindheit gesammelten Erfahrungen verlassen, um ihr eigenes Erzieherverhalten herauszuarbeiten. Es gibt aber doch einige verläßliche Anhaltspunkte, an denen man sich orientieren kann, wobei man sich immer wieder von seinen Beobachtungen darüber leiten lassen sollte, was Kinder ganz spontan sagen oder tun, wenn man ihnen genügend Raum für Spontaneität läßt.

Zuallererst müssen Sie dafür sorgen, daß das Kind jede Möglichkeit hat, sich seinen eigenen Bedürfnissen entsprechend in freigewähltem Spiel zu beschäftigen. Dazu müssen dem Kind eine Reihe einfacher Spielsachen und Materialien zur Verfügung stehen, mit denen es wirklich etwas anfangen kann. Dazu ist gar kein finanzieller Aufwand nötig; ein gemeinsam gebastelter Zug aus Büchsen und Knöpfen, den man dann auch noch gemeinsam angemalt hat, kann dem Kind mindestens soviel Spaß machen wie eine teure elektrische Eisenbahn. Auf diese Gefühlsqualität des Spielzeugs kann gar nicht nachdrücklich genug hingewiesen werden. Es ist unendlich traurig, wenn das Kind von seinen Eltern auf die Bitte, doch mit ihm zu spielen, immer nur zu hören bekommt: »Ich hab' jetzt keine Zeit für sowas« oder »Laß mich in Ruhe!« oder »Spiel doch mit deinen Geschwistern!«, denn das Kind will in diesem Augenblick höchstwahrscheinlich nicht seine Geschwister um sich haben, sondern braucht *Sie* (und keinen anderen). Sie sollten sich dabei auch von dem Zwang freimachen, sich immer zu fragen »Was sollen wir denn spielen?« oder eben »Womit soll ich mein Kind jetzt beschäftigen?« Kinder lernen unendlich viel einfach dadurch, daß sie es *gemeinsam* mit dem Erwachsenen tun. Und was noch wichtiger ist: Es macht ihnen obendrein Spaß! Wir neigen wohl alle etwas dazu, die Verständnismöglichkeiten und sonstige Fähigkeiten unserer Kinder zu unterschätzen, so daß wir ihr Vermögen oft nicht genügend fordern und fördern können. Wenn wir unsere Kinder von Anfang an dazu ermuntern, sich an Familienangelegenheiten und häuslichen Gemeinschaftsaufgaben zu beteiligen, und nicht mit Lob und Anerkennung für die von ihnen geleistete Mitarbeit sparen, lernen die Kinder einfach durch ihre Beteiligung an den gemeinsamen Belangen, daß zu Hause alles sehr viel besser und vergnüglicher geht, wenn alle Familienmitglieder bei allem mitmachen. Sie lernen darüber hinaus auch verstehen, daß in der Familiengemeinschaft eben auch Arbeiten und Aufgaben anfallen, die nicht besonders viel Spaß machen, aber dennoch erledigt werden müssen.

Ein lebendiges, angemessenes soziales Verhalten in der Familie setzt natürlich voraus, daß bei bestimmten Gelegenheiten auch wirklich die ganze Familie zusammen ist. Da heutzutage ein großer Teil der Zeit, die jedes Familienmitglied hat, von ande-

ren Verpflichtungen in Beschlag genommen ist, ist es manchmal unumgänglich, daß man geregelte Möglichkeiten für gemeinschaftliche Unternehmungen der Familie schafft – etwa einmal in der Woche oder (wenn irgend möglich) auch öfter. Manche Eltern halten sich strikt einen Abend in der Woche für die Familie frei. Die Kinder sollten dabei unbedingt mitbestimmen, was man miteinander unternehmen will; es ist dann jedem einzelnen Familienmitglied überlassen, sich seine Zeit so einzuteilen, daß es auch wirklich mitmachen kann. Der »Familienabend« sollte aber nicht in der »Meckerecke« verbracht werden und der gegenseitigen »Abrechnung« dienen, sondern vielmehr so vergnüglich wie möglich sein und niemanden ausschließen. Es gibt unendlich viele Möglichkeiten, wie man diese Zeit miteinander verbringen kann – bei Sport und Spiel, mit Musik, Geschichtenerzählen oder Sprechrollentheater, bei einem besonders leckeren Mahl, im Gespräch oder mit den verschiedensten Hobbies. Der springende Punkt dabei ist, daß die Familienmitglieder dabei lernen, gemeinsam etwas zu unternehmen. Dies legt die Grundlagen dafür, daß die Kinder dann auch außerhalb der Familie zu positiven Gemeinschaftserfahrungen befähigt werden. Es mag zwar durchaus lehrreich und auch vergnüglich sein, anderen beim Sport, Theaterspielen oder sonstigen Aktivitäten zuzusehen; Kinder müssen aber auch lernen können, selbst mitzumachen und ihre jeweiligen Talente zu entdecken, zu entwickeln und zu demonstrieren.
Neben diesen sozialen Verhaltensweisen lernen die Kinder aber auch Liebe, Zuneigung, Hilfsbereitschaft, Teilen, Fürsorge für andere, Verantwortung, Kommunikationsfähigkeit und alle anderen Formen angemessenen menschlichen Verhaltens in erster Linie von den anderen Familienmitgliedern. Im Elternhaus lernt das Kind vieles von dem, was seine Individualität ausmacht; seine Charakterbildung ist in weiten Teilen das Ergebnis der elterlichen Erziehung. Die Kinder lernen auch das Erwachsenenleben durch das Beispiel kennen, das ihnen ihre Eltern geben, wobei natürlich auch die Art eine wichtige Rolle spielt, wie Vater und Mutter miteinander umgehen.
Lassen Sie Ihr Kind nicht im Stich bei all diesen wichtigen Lernprozessen. Machen Sie sich die Mühe, sein Verhalten zu beobachten, es gründlich kennenzulernen, es mit bestimmten Spielregeln und Grenzen zu konfrontieren, ihm das lebendige

Beispiel dessen, was Sie von ihm an Verhaltensweisen erwarten, selbst vorzuleben und ihm im allerweitesten Sinne Lehrer zu sein. Machen Sie sich darüber hinaus bei problematischen Verhaltensweisen die Mühe, das Verhalten Ihres Kindes genau zu beobachten und zu beschreiben und schließlich zum Positiven zu verändern. Seien Sie dabei konsequent, aber lassen Sie Ihr Kind immer auch Ihre Liebe, Ihr Verständnis und Ihre Anerkennung spüren.

Besprechung des Abschnitts »Was tun Sie, wenn . . .?«

1. Beispiel: Werner; Entwurf eines Programms zur Verhaltensänderung

a) Definition des Verhaltensproblems: Geben Sie eine klare und eindeutige Definition der Verhaltensweisen von Werner, die seinen Eltern Sorge bereiten: 1) kommt zu spät nach Hause – genauer gesagt: »an fünf Abenden in der Woche nach 21 Uhr heimgekommen«; 2) »unordentlich« – genauer gesagt: »läßt seine Kleider auf dem Boden liegen und räumt seine Spielsachen nicht auf«; 3) »unfolgsam« – genauer gesagt: »tut prinzipiell nicht, was man ihm aufgetragen hat, es sei denn, man wiederholt es mehrmals mit Nachdruck und droht mit Strafe bei Nichterfüllung«.

b) Verfahren zur Verhaltensänderung: Man gibt ihm irgendeine Belohnung in Form von Gutscheinen, wenn er tut, was man ihm aufgetragen hat, im Haushalt mithilft, seine Spielsachen und Kleider aufräumt, rechtzeitig nach Hause kommt etc.

c) Verstärkungsmodus: Geben Sie Werner die Möglichkeit, die »verdienten« Gutscheine z. B. gegen Briefmarken für seine Sammlung einzutauschen oder auch gegen einen Wochenendbesuch bei seiner Tante. (Man tut außerdem gut daran nachzuforschen, was ihm bei seiner Tante so viel besser gefällt als zu Hause).

d) Aufzeichnungsverfahren: 1) Stellen Sie eine detaillierte Liste all der Arbeiten auf, die Sie von Werner erwarten, und notieren Sie, wie oft er Ihren Anweisungen, etwas Bestimmtes zu erledigen, nachkommt und wie oft er Ihren Aufforderungen nicht nachkommt. Zählen Sie diese Verhaltensweisen jeweils über den Zeitraum eines ganzen Tages hinweg. 2) Schreiben Sie auf, wie oft er rechtzeitig nach Hause kommt und wie oft er sich verspätet.

e) Programm für die Eltern selbst: Suchen Sie sich möglichst jemanden, mit dem Sie die Verantwortung und Mühe teilen können, Werners Verhaltensweisen aufzuzeichnen. Lassen Sie Ihren Partner darüber Buch führen, wie oft Sie das Verhalten des Jungen belohnen, bestrafen oder ignorieren (tun Sie das gleiche hinsichtlich der Reaktionen Ihres Partners auf Werners Verhalten) und belohnen Sie einander in irgendeiner Form (und sei es nur durch Zustimmung und Anerkennung), wenn Sie auf Werners Verhalten angemessen reagiert haben.

2. Beispiel: Gabi; Entwurf eines Programms zur Verhaltensänderung

a) Definition des Verhaltensproblems: Definieren Sie genau, welche Verhaltensweisen Gabi vom Lernen ablenken: 1) Sie sitzt vor dem Fernsehapparat, wenn sie über ihren Hausaufgaben sitzen sollte; 2) sie hält keine geregelten Studierzeiten ein und versucht, ihre Versäumnisse durch gelegentliches »Pauken« wieder aufzuholen.

b) Verfahren zur Verhaltensänderung: 1) Stellen Sie jeden Tag fest, welche Hausaufgaben Gabi noch zu erledigen hat. 2) Machen Sie die Fernseherlaubnis davon abhängig, daß Gabi mit einem bestimmten Teil ihrer Arbeit fertig ist. 3) Vereinbaren Sie mit Gabi, daß sie für eine bestimmte Anzahl von Punkten, die sie in der Schule für ihre Hausaufgaben bekommen hat, von Ihnen etwas zur Belohnung erhält.

c) Verstärkungsmodus: 1) Wenn Gabi eine Stunde lang gearbeitet hat, darf sie eine Stunde fernsehen; 2) wenn Gabi sich mit ihren Hausaufgaben Mühe gegeben hat, belohnen Sie sie durch besonderes Lob und Anerkennung oder mit einem kleinen Geschenk; 3) alle paar Wochen stellt der Lehrer Gabi eine Art Zeugnis aus, in dem nicht sosehr die Leistung an sich, als vielmehr die von Gabi investierte Arbeit benotet wird; fällt diese Bewertung gut aus, bekommt Gabi ein angemessenes Geldgeschenk oder eine Taschengelderhöhung.

d) Aufzeichnungsverfahren: 1) Notieren Sie das Verhältnis von geleisteter und aufgetragener Arbeit; 2) schreiben Sie sich auf, wieviel Zeit Gabi über ihren Hausaufgaben verbringt; 3) zeichnen Sie alle Punkte und Noten auf, die Gabi vom Lehrer für ihre Hausaufgaben bekommen hat.

e) Zusammenarbeit zwischen Eltern und Lehrer: Die Eltern können dieses Programm nur dann mit Aussicht auf Erfolg durchziehen, wenn sie vom Lehrer zumindest erfahren, welche Hausaufgaben Gabi zu erledigen hat, und wenn der Lehrer die Qualität der geleisteten Hausaufgaben durch Punktbewertung oder sonstige Benotung beurteilt. Noch engere Zusammenarbeit zwischen Eltern und Lehrer, etwa bei der Gestaltung des Verhaltensänderungsprogramms, kann die Erfolgsaussichten natürlich nur steigern.

Kontrolle

Nun wird es langsam Zeit, das hier Gelernte in die Praxis umzusetzen. Von nun an wird die Kontrolle darin bestehen, wie Sie sich ganz konkret Ihren eigenen Kindern gegenüber verhalten.

Die in diesem Buch beschriebenen Methoden und Verfahren zur Verhaltensänderung werden – zumindest ansatzweise – im Grunde von allen Eltern praktiziert, deren liebevolle Bemühungen um ihre Kinder mit Erfolg gekrönt sind. Die Eltern von glücklichen und gemeinschaftsfähigen Kindern haben nämlich ein von konsequentem Erzieherverhalten und viel Lob und Anerkennung geprägtes Verhältnis zu ihren Kindern. Es gibt aber in allen Familien auch unerwünschte Verhaltensweisen seitens der Kinder, über die wir unseren Kindern gerne hinweghelfen möchten. Vielleicht haben Sie es schon einmal vergebens versucht, bestimmte Verhaltensweisen Ihrer Kinder zu ändern, oder sich und andere gefragt, was Sie tun sollen. Sie haben in diesem Buch vieles gelesen, das anderen offenbar geholfen hat. Im Anhangteil I, der auf der nächsten Seite beginnt, sind einige Beispiele für Programme zur Verhaltensänderung angeführt. Haben Sie nicht Lust, es selbst einmal zu probieren?

Anhang I: Programmbeispiele als »Starthilfe«

Um die in diesem Buch erläuterten Grundprinzipien der Verhaltensänderung noch einmal »in Aktion« zu zeigen, bringen wir noch einige Programme, die auf die am häufigsten vorkommenden Verhaltensprobleme bezogen sind. Diese Programme wurden an einer verhaltenstherapeutischen Klinik erprobt und haben sich bereits in vielen Familien bewährt. Die behandelten Problembereiche betreffen:

I. Kinder, die so unordentlich sind, daß sie in ihrem Zimmer überhaupt nichts mehr finden können.

II. Kinder, die sich weigern oder sich davor drücken, ihren Beitrag zu den Gemeinschaftsaufgaben im Haushalt zu leisten.

III. Kinder, die ohne fremde Hilfe keine oder zumindest nicht regelmäßig genug Hausaufgaben machen.

I. Wie man einem Kind beibringt, sein Zimmer aufzuräumen

Diese Programme sind für Eltern gedacht, die sich ständig darüber ärgern, daß ihre Kinder überall ihre Siebensachen herumliegen lassen und einfach nicht aufräumen. Es werden drei verschiedene Programme skizziert; die Eltern können jeweils selbst am besten beurteilen, welches davon für ihr Kind und dessen Verhaltensproblem am günstigsten ist.

Programm A

Dieses Verfahren ist vor allem für kleinere Kinder gedacht, die ihre Spielsachen überall im Zimmer herumliegen lassen, oder auch für größere Kinder, die ihre Kleider, Spielsachen und sonstige Dinge, die sie benutzt haben, nicht aufräumen. Wir gehen dabei davon aus, daß das Kind zu den betreffenden Gegenständen selbst eine durchaus positive Beziehung hat. Sind die aufzuräumenden Gegenstände dem Kind dagegen eher unangenehm, sollte man auf die Anwendung dieses Programms verzichten und statt dessen ein anderes wählen. Der springende Punkt bei diesem Verfahren besteht darin, daß die Eltern eine Zeitlang alles wegschließen, was das Kind einfach hat herumliegen lassen. Dabei geht man am besten folgendermaßen vor:

1. Bestimmen Sie einen festen Zeitpunkt, an dem Sie jeden Tag das Kinderzimmer inspizieren. Das Kind kann dabei anwesend oder abwesend sein; im allgemeinen empfiehlt es sich aber, das Zimmer jeweils zu kontrollieren, nachdem das Kind sich morgens auf den Schulweg gemacht hat.

2. Bereiten Sie einen geeigneten Aufbewahrungsort vor, etwa einen verschließbaren Schrank oder Koffer, in dem Sie all die Gegenstände unterbringen können, die Ihr Kind herumliegen läßt.

3. Legen Sie im voraus genau fest, wie lange die von Ihnen »beschlagnahmten« Gegenstände unter Verschluß gehalten werden sollen. Es kommt darauf an, daß Sie die Sachen lange genung wegschließen, daß das Kind ihr Fehlen auch als unangenehm empfindet. Wenn Ihr Kind einen ganzen Schrank voll Kleider zur Verfügung hat, werden Sie die »beschlagnahmten« Stücke entsprechend länger wegschließen (etwa eine Woche bis 10 Tage), während bei einer knappen Kleiderauswahl ein bis zwei Tage genügen.

4. Erklären Sie Ihrem Kind ganz genau, daß Sie alle Gegenstände, die es nicht an ihren Platz zurückgelegt hat, einsammeln und für eine bestimmte Zeit wegschließen werden. Lassen Sie keinerlei Unklarheit darüber aufkommen, was Sie unter »am rechten Platz« oder »aufgeräumt« verstehen. Wenn es Ihnen genügt, daß die Sachen nicht gerade auf dem Bett oder dem Boden herumliegen, dann sagen Sie das dem Kind auch klipp und klar.
   Erklären Sie dem Kind auch, daß Sie jeden Abend die für die Rückgabe fälligen Gegenstände im Kinderzimmer auf den Fußboden legen werden und sie, falls sie bei Ihrem Kontrollgang am nächsten Morgen immer noch dort liegen, gleich wieder mitnehmen und wegschließen müssen.

5. Versehen Sie jedes »beschlagnahmte« Stück mit dem vorgesehenen Rückgabedatum und sorgen Sie dafür, daß Sie dieses Datum auch genau einhalten.

6. Lassen Sie sich, sobald Sie dem Kind die »Spielregeln« klargemacht und mit dem Programm begonnen haben, auf keinen »Handel« mit dem Kind ein, sondern bleiben Sie konsequent.

Programm B

Dieses Programm ist für größere Kinder gedacht und sollte nur im Fall der folgenden oder ähnlicher Situationen angewendet werden: Das Kind läßt in seinem Zimmer alles herumliegen, und die Mutter hat die Sachen bisher immer aufgehoben und

aufgeräumt. Wir gehen bei diesem Programm von der Voraussetzung aus, daß das Kind sich in einem extrem unordentlichen Zimmer nicht wohlfühlt. Trifft diese Voraussetzung bei

Ihrem Kind nicht zu, sollten Sie dieses Programm gar nicht erst ausprobieren.
Das Verfahren ist denkbar einfach: Lassen Sie im Kinderzimmer einfach alles liegen und stehen und machen Sie auch nicht sauber. Wenn Kleider herumliegen, dann lassen Sie sie ruhig liegen. Verlieren Sie dem Kind gegenüber kein Wort über das Durcheinander in seinem Zimmer, und fordern Sie das Kind auch nicht auf, Ordnung zu schaffen. Und wenn Sie glauben, den »Verhau« im Kinderzimmer nicht mehr mit ansehen zu können, dann machen Sie bitte die Tür zu.
Das Programm geht davon aus, daß das Kind seine Sachen so unbekümmert herumliegen ließ, weil ja immer jemand für es aufgeräumt hat, und daß ihm das immer schlimmer werdende Durcheinander in seinem Zimmer nach einiger Zeit so unangenehm sein wird, daß es von selbst anfängt aufzuräumen. Wenn das Programm nach einer angemessenen Zeitspanne (etwa zwei Wochen) noch keine Wirkung zeigt, versuchen Sie es mit einem anderen Programm.

Programm C

Dieses Programm eignet sich vor allem für kleine Kinder oder auch für größere Kinder, bei denen Programm A und B wenig erfolgversprechend scheint. Es sieht vor, daß Sie jeden Tag zu einer festgesetzten Zeit wie im Fall A das Kinderzimmer inspizieren und dem Kind je nach Zustand des Zimmers eine Punktwertung zwischen 0 und 3 geben. Die erzielten Punkte kann das Kind für irgendeine Belohnung verwenden.

1. Setzen Sie einen Zeitpunkt fest, zu dem Sie jeden Tag den Zustand des Kinderzimmers bewerten. Es ist gleichgültig, ob das Kind dabei anwesend ist oder nicht.

2. Geben Sie dem Kind Punkte für den Zustand seines Zimmers. 3 Punkte setzen voraus, daß das Zimmer überdurchschnittlich gut aufgeräumt und sauber ist; eine Wertung von 2 Punkten bedeutet, daß nur wenige Dinge herumliegen und das Zimmer sich folglich in einem befriedigenden, als normal anzusehenden Zustand befindet. Bei 1 Punkt herrscht im Zimmer schon ziemliche Unordnung, und 0 bedeutet das totale Chaos!

3. Hängen Sie im Kinderzimmer eine Tabelle auf, die deutlich die täglich erreichbare Punktzahl zeigt, und tragen Sie bei jeder »Kinderzimmerbesichtigung« eine entsprechende Wertung ein.
4. Überlegen und bestimmen Sie, was sich das Kind mit den erzielten Punkten »verdienen« kann. Die Belohnung kann beispielsweise in der Erweiterung bereits gewährter Vergünstigungen bestehen, etwa in der Ausdehnung der abendlichen Fernseherlaubnis oder in der Erhöhung des Taschengeldes. Sie sollten für jeden erzielten Punkt ein entsprechendes Mehr an Vergünstigungen vorsehen.
   Besteht die Belohnung nicht in der Erweiterung regelmäßiger Vergünstigungen, sollte sie anfangs etwas sein, das sich für eine häufige Verwendung als Verstärker eignet und auch nicht zu aufwendig ist. Gleichgültig, wozu Sie sich letztlich entschließen – legen Sie auf alle Fälle die Punktzahl fest, die zur Erlangung der Belohnung oder neuen Vergünstigung erforderlich ist. Sie können auf der Tabelle im Kinderzimmer auch einige Hinweise über die »Kaufkraft« der Punkte anbringen.
5. Die Punkte können (je nach Art der Vergünstigung, die sie einbringen) jeden Tag oder einmal in der Woche eingelöst werden. Allerdings gilt: Je häufiger, desto besser vor allem bei kleineren Kindern. Man kann dem Kind aber durchaus auch die Möglichkeit einräumen, seine erworbenen Punkte nach Belieben einzulösen, wenn es genügend davon beisammen hat. Dann zählt man einfach die Punkte zusammen, die das Kind zu diesem Zeitpunkt hat, läßt das Kind beliebig viele davon einlösen und vermerkt die Zahl der verbliebenen Punkte auf der Tabelle. Rechnet man jeweils am Ende der Woche ab, kann das Kind sich die verbliebenen Punkte für später aufheben; man trägt dann die übriggebliebenen Punkte ebenfalls auf der Tabelle ein.
6. Erklären Sie dem Kind vor Beginn des Programms ganz genau, worum es geht und wie es funktioniert. Lassen Sie das Kind nicht im Zweifel darüber, für welche Verhaltensweise es Punkte bekommen und wie viele davon es für die verschiedenen Grade von »Ordnung im Kinderzimmer« verdienen kann. Erläutern Sie dem Kind auch das Einlösen der

Punktwerte und die Art von Vergünstigungen, die es damit erzielen kann. Geben Sie ihm klipp und klar zu verstehen, daß es diese Vorteile auf keinem anderen Weg als dem besprochenen erringen kann, und machen Sie das Kind mit der Tabelle und dem Ausfüllen vertraut. Diskutieren Sie aber mit dem Kind nicht über die Zweckmäßigkeit der Spielregeln und lassen Sie sich auf keinen Fall auf Abänderungswünsche und dergleichen ein. Erläutern Sie dem Kind einfach die von Ihnen gesetzten Spielregeln und überlassen Sie es dann dem Kind selbst, ob es sich dadurch, daß es in seinem Zimmer etwas mehr Ordnung hält, Punkte verdienen will oder nicht. Und dann überlassen Sie das Weitere aber bitte auch wirklich dem Kind.

7. Denken Sie daran, daß Sie unbedingt konsequent sein müssen, wenn Sie sich entschlossen haben, ein Programm zur Verhaltensänderung mit Ihrem Kind durchzuführen.

II. Wie man Kindern das »Herumtrödeln« abgewöhnt

»Trödeln« ist ein reichlich unpräziser Ausdruck, der folgende Verhaltensweisen charakterisieren soll: Das Kind wird gebeten, ewas Bestimmtes zu tun, oder hat regelmäßig und zu einer festgesetzten Zeit eine bestimmte Aufgabe zu erfüllen und erledigt diese Aufgabe entweder nicht innerhalb einer angemessenen Zeit oder beschäftigt sich statt dessen mit irgend etwas anderem. Das Ausweichverhalten kann darin bestehen, daß das Kind an irgend etwas herumspielt, in Büchern oder Zeitschriften blättert, sich unterhält, herumquengelt, »ziellos« in der Wohnung auf und ab geht etc.

Von »Trödeln« spricht man etwa auch, wenn das Kind »ewig« nicht mit Anziehen oder Ausziehen, Tischdecken, Aufräumen etc. fertig wird, lange Zeit nicht hereinkommt, wenn man es zum Essen ruft, usw.

Das Programm eignet sich *nicht* für Situationen, in denen irgendwelche Zweifel an der prinzipiellen Fähigkeit des Kindes bestehen, die erwartete Leistung zu erbringen. Es geht davon aus, daß das Kind die fraglichen Aufgaben zuvor schon ohne Schwierigkeiten bewältigt hat. Das Programm ist auch nicht für Fälle gedacht, in denen das Kind gelegentlich ganz einfach nicht tun will, was man ihm aufträgt, weil es gerade mit etwas anderem beschäftigt ist, das sein Interesse fesselt (dazu gehören neben intensivem Spiel gelegentlich auch das »Tagträumen«).

Das Programm geht von der Annahme aus, daß Kinder aus einem oder mehreren der folgenden Gründe trödeln:

1. Trödeln hat oft erhebliche Aufmerksamkeit seitens der Erwachsenen zur Folge.
2. Durch Herumtrödeln versucht sich das Kind vor unangenehmen Aufgaben zu drücken.
3. Die Konsequenzen bestimmter Verhaltensweisen fallen nicht unterschiedlich aus, ob das Kind seine Aufgabe nun prompt erledigt oder erst einmal herumtrödelt.

Das Programm versucht folgendes zu erreichen:

1. Das Herumtrödeln soll dem Kind keine besondere Aufmerksamkeit seitens der Erwachsenen mehr einbringen.
2. Das Trödeln soll nicht mehr dadurch belohnt werden, daß man dem Kind die Erledigung unangenehmer Aufgaben erläßt.
3. Es sollen »natürlich« wirkende, angenehme Konsequenzen dafür geschaffen werden, daß das Kind seine Aufgaben zügig hinter sich bringt, und weniger angenehme Folgen fürs Trödeln.

Das Programm:

1. Wenn Sie dem Kind einen Auftrag erteilen, dann sagen Sie ihm nur einmal, höchstens zweimal, was es tun soll. Drükken Sie sich dabei möglichst klar und präzise aus. Sagen Sie also nicht: »Hilf bitte ein bißchen bei der Hausarbeit« oder »Hast du denn gar nichts zu tun?«, sondern lieber: »Trag bitte den Mülleimer 'runter« oder »Zieh deine Schuhe an«. Arbeiten Sie weder mit Versprechungen noch mit Drohungen, sondern bitten Sie das Kind ganz ruhig und selbstverständlich um eine bestimmte Leistung, so als hätten Sie nicht den geringsten Zweifel daran, daß es der Aufforderung nachkommen wird. Reagiert das Kind nicht darauf, dann gehen Sie bitte ohne jeden Kommentar und ohne weitere Aufforderung darüber hinweg. Bringen Sie das Kind

auf keinen Fall durch Drängeln oder Nörgeln dazu, Ihrer Anweisung schließlich doch noch Folge zu leisten.

2. Geben Sie dem Kind, wenn es irgend möglich ist, keine Chance, sich durch Herumtrödeln vor der unangenehmen Aufgabe zu drücken. Erledigen Sie die dem Kind aufgetragene Arbeit höchstens dann selbst, wenn es beim besten Willen nicht anders geht, etwa wenn das Essen langsam verkocht, weil das Kind noch immer nicht den Tisch gedeckt hat! Wenn das Kind aber zum Beispiel »ewig« nicht mit Anziehen fertig wird, dann lassen Sie es ruhig weiter herumtrödeln und zu spät zur Schule kommen, wenn es sich nicht von selbst etwas beeilt.

3. Hat das Kind seinen Auftrag innerhalb einer angemessenen Zeitspanne erledigt, dann zeigen Sie ihm, daß Sie sich darüber freuen. Sie sollen es nicht übertreiben und so tun, als habe das Kind gerade eine unglaubliche Heldentat vollbracht, sollten dem Kind aber doch irgendein Zeichen Ihrer Anerkennung geben.

4. Versuchen Sie die Konsequenzen der Verhaltensweisen Ihres Kindes ein wenig dahingehend zu manipulieren, daß das Herumtrödeln auf ganz »natürlich« wirkende Weise unangenehme Folgen für das Kind hat. Ihr Sprößling kommt dann eben zu spät zur Schule oder verpaßt irgendeine Verabredung oder Veranstaltung, an der ihm liegt, weil er nicht rechtzeitig fertig wurde. Wenn ein Kind, das man zum Essen gerufen hat, lange auf sich warten läßt, sollte man ruhig ohne den Säumigen anfangen und ihm von dieser oder jener Speise nichts Nennenswertes mehr übriglassen.

5. Wappnen Sie sich mit Geduld. Wenn Ihr Kind angesichts irgendeiner Arbeit vor sich hintrödelt, dann widerstehen Sie bitte der Versuchung, ihm (damit's ein bißchen schneller geht!) die Arbeit abzunehmen. Lassen Sie das Kind nach Möglichkeit so lange nichts Neues anfangen, bis es seinen Auftrag erledigt hat. Man kann die äußeren Umstände oft entsprechend einrichten, um die Wirkung des Programms etwas zu beschleunigen. Wenn Ihr Kind beispielsweise den Mülleimer ausleeren soll, dann tragen Sie ihm das am be-

sten fünf Minuten vor Beginn einer Fernsehsendung auf, die es sich unbedingt ansehen will. Kommt das Kind Ihrer Aufforderung nicht nach, so erklären Sie ihm ruhig und sachlich, es könne sich den Film ansehen, sobald der Müll weggeschafft sei. Wenn Ihr Sprößling dadurch den Anfang seiner Lieblingssendung verpaßt, dann hat er eben Pech gehabt!

6. Richten Sie es möglichst so ein, daß auf die unangenehme Aufgabe, deretwegen Ihr Kind herumtrödelt, immer etwas Reizvolles folgt (wie der Fernsehfilm auf die Müllbeseitigung!).

7. Nehmen Sie immer nur eine Art von Trödelei in Angriff. Wenn Ihr Kind beim Anziehen, Essen und in sechs anderen Situationen herumtrödelt, dann befassen Sie sich bitte jeweils nur mit *einem* dieser Bereiche. Hat Ihr Kind darin hinreichende Fortschritte gemacht, fangen Sie beim nächsten Punkt an und so weiter, anstatt an acht verschiedenen Fronten gleichzeitig zu kämpfen.

8. Schreiben Sie sich das Programm auf und machen Sie detaillierte Angaben darüber, mit welchen Verhaltensweisen des Kindes Sie sich gerade beschäftigen, wann und wo das Kind bestimmte Aufgaben erledigen soll, wie Sie ihm die Aufgabenstellung mitteilen, was passiert, wenn es seine Arbeit zufriedenstellend erledigt, und was, wenn es das nicht tut. Sorgen Sie dafür, daß alle Erwachsenen in der Familie, aber villeicht auch die älteren Geschwister Bescheid wissen, damit sich möglichst die ganze Umgebung des Kindes entsprechend konsequent verhält.

III. Wie man ein Kind dazu bringt, regelmäßig Hausaufgaben zu machen

»Hausaufgaben machen« birgt eine ganze Reihe von Gesichtspunkten in sich; bei dreien von ihnen kommt es vor allem auf folgendes an:

1. Regelmäßige, zielgerichtete Arbeit über eine angemessene Zeitspanne hinweg.

2. Anwendung effektiver Lernmethoden – gleichgültig, wieviel Zeit auf die Hausaufgaben verwendet wird.
3. Nachweis darüber, daß der Lehrstoff gelernt und im Gedächtnis behalten wurde.

Diese drei Aspekte stehen ganz offensichtlich in enger Beziehung zueinander. Das folgende Programm deckt nur den erstgenannten Gesichtspunkt des Hausaufgaben-Machens ab: Es lehrt das Kind, regelmäßig eine bestimmte Zeit auf das Anfertigen von Hausaufgaben zu verwenden. Dieses Programm ist speziell für ältere Schüler gedacht, für die die Konzentration auf ihre Hausaufgaben bereits zum Problem geworden ist, aber auch für den Schulanfänger, der gerade erst seine ersten Hausaufgaben bekommen hat. Dieses Verfahren eignet sich jedoch auch für ältere Schüler, die sich schon relativ gut auf ihre Hausaufgaben konzentrieren können.

Der Studierplatz

Der räumliche Bereich, in dem das Kind seine Hausaufgaben macht, sollte den folgenden Anforderungen möglichst weitgehend entsprechen:

1. Entsprechende äußere Voraussetzungen wie die richtige Beleuchtung, ein geeigneter Tisch, ein bequemer, aber auch nicht zu bequemer Stuhl usw. Utensilien wie Bleistifte, Bleistiftspitzer, Radiergummi und Lineal sollten für das Kind erreichbar sein, ohne daß es den Studierplatz verlassen muß.
2. Im Idealfall ist der Studierplatz eine Stelle, an der das Kind nur lernt. Der Eßtisch, Basteltisch oder die Ecke, in der das Kind Platten hört, sich mit Freunden unterhält, telefoniert, fernsieht, Flugzeugmodelle baut oder sonst etwas tut, das wenig oder nicht mit Hausaufgaben zu tun hat, sind alles andere als ideal. Das Kind sollte zu Hause zum Lernen immer seinen Studierplatz aufsuchen und diesen, wenn es gerade nicht lernt (und sei es nur für drei Minuten Pause) möglichst verlassen.
3. Der Studierplatz muß nicht ein eigenes Zimmer sein, obwohl dies natürlich am günstigsten ist. Er sollte so angelegt

sein, daß das Kind vor direkter Sonneneinstrahlung und vor der Ablenkung durch andere Personen geschützt ist. Wenn für den Studierplatz kein eigener Raum vorhanden ist, sollte man den Schreibtisch so aufstellen, daß man von dort aus das übrige Zimmer nicht überblicken kann, ohne sich umzudrehen.

4. Der Studierplatz und seine Umgebung sollten frei sein von Telefon- und Fernsehapparaten, Plattenspielern, Nahrungsmitteln, Bildern, Zeitschriften, Büchern und anderen Ablenkungen, die nicht unmittelbar mit der gestellten Hausaufgabe am Studierplatz zu tun haben.

Die auf die Hausaufgaben verwendete Zeit

Die Hausaufgaben gelten als gemacht, wenn das Kind eine gewisse Zeitspanne hindurch (genannt »Aufgabenperiode«) gearbeitet hat. Bei Schulanfängern sollte die Aufgabenperiode anfangs 10 Minuten betragen, desgleichen bei älteren Schülern, die kaum mehr Hausaufgaben gemacht haben, bevor das Programm eingesetzt wurde. Bei größeren Kindern, die manchmal Hausaufgaben gemacht haben und manchmal nicht, sollte die Aufgabenperiode den Durchschnitt der an fünf Tagen gemessenen Zeit betragen, die der Schüler über seinen Hausaufgaben verbracht hat. Beträgt dieser Durchschnittswert weniger als 10 Minuten, fängt man ebenfalls mit einer 10-Minuten-Periode an.

Bevor man mit dem Programm beginnt, sollten Eltern und Kind gemeinsam entscheiden, um welche Zeit mit der Aufgabenperiode begonnen werden soll; diese Zeit sollte dann jeden Tag als Beginn der Aufgabenperiode genommen werden.

Es steht dem Kind völlig frei, ob es während der Aufgabenperiode Hausaufgaben macht oder nicht. Die Eltern sollten ihm jedenfalls nie auftragen, dabei seine Hausaufgaben zu erledigen, es nie tadeln, wenn es dies nicht tut, und es weder durch gutes Zureden noch durch Drohungen dazu nötigen, etwas zu arbeiten. Methoden, um die Eigenmotivation des Kindes zu verbessern, werden später noch behandelt werden.

Erfolgskriterien für das Hausaufgaben-Programm

Das Verhalten des Kindes während der Aufgabenperiode wird jeden Tag gewertet, und zwar nach folgenden Kriterien:

1. *Plus* bedeutet, daß das Kind während der ganzen Aufgabenperiode gearbeitet hat. Dabei spielt es keine Rolle, ob und wie es seine Hausaufgaben gemacht hat. Wenn der Schüler die festgesetzte Zeit an seinem Studierplatz »abgesessen« hat und die Eltern ihn nicht offensichtlich etwas anderes tun sahen, sollte man das Wort des Kindes als Anhaltspunkt dafür nehmen, ob die Aufgabenperiode hindurch gearbeitet wurde oder nicht.

2. *Minus* bedeutet, daß das Kind sich zwar an seinen Studierplatz begeben, aber nicht die ganze Zeit über durchgehalten hat.

3. *Unentschieden* bedeutet, daß das Kind den Studierplatz gar nicht eingenommen hat, sei es, weil es keine Hausaufgaben erhielt oder sie anderswo erledigt hat, sei es, daß es überhaupt keine Hausaufgaben gemacht hat. In jedem Fall ist das Ergebnis »unentschieden«.

Verlängerung der Aufgabenperiode

Hat das Kind fünf Pluswertungen erzielt, ohne daß ein Minus dazwischenliegt, sollten Sie die Aufgabenperiode um 5 Minuten verlängern, wobei die »unentschieden« gewerteten Tage keine Rolle spielen. Setzen Sie dies so lange fort, bis die Aufgabenperiode eine Zeitspanne erreicht hat, die nach Ansicht des Lehrers dem Alter und der Schulart des Kindes entspricht. Wenn Sie hinsichtlich von Art und Umfang der Hausaufgaben Zweifel haben, so fragen Sie nicht das Kind, sondern den Lehrer.

Wie man das Kind für Pluswertungen motiviert

Kleinen Kindern kann man für eine Pluswertung irgendeine kleine Vergünstigung gewähren oder sie sonst mit einer Kleinigkeit belohnen. Dies sollte man jeweils am Anfang der Woche mit dem Kleinen gemeinsam entscheiden. Die Belohnung kann darin bestehen, daß das Kind abends eine Viertelstunde länger fernsehen darf als sonst. Man kann auch fünf Pluspunkte für einen Wochenendausflug zusammenkommen lassen oder sonstige Vereinbarungen hinsichtlich der Belohnung treffen. Die betreffenden Eltern und Kinder können am besten beurteilen, was in ihrem Fall angemessen ist.

Bei größeren Kindern, die sich nicht auf ihre Hausaufgaben konzentrieren können, führt ein etwas anderes Verfahren eher zum Erfolg. Wählen Sie als Belohnung etwas aus, das Ihr Kind sehr gerne haben oder tun möchte; Sie wissen selbst am besten, was. Die typischen, von den Eltern immer wieder gern verwendeten Belohnungen sind die Erlaubnis, länger fernzusehen, Platten zu hören, abends mit Freunden auszugehen oder eine Taschengelderhöhung und anderes.

Das Hauptproblem besteht darin, festzulegen, wieviel von einer Vergünstigung durch Pluswertungen für jeden einzelnen Tag verdient werden kann. Als Faustregel gilt: Jedes Plus sollte für das Kind genügend wert sein, um mehr Vergünstigungen zu bekommen als jetzt, wenn es eine Zeitlang jeden Tag ein Plus schafft. Doch der Pluspunkt sollte andererseits wenig genug wert sein, daß das Kind entsprechend weniger Vergünstigungen bekommt, wenn es keine Fortschritte zeigt.

Dazu ein Beispiel: Ein Junge, dessen Programm mit einer zehnminütigen Aufgabenperiode begann, hätte am liebsten ununterbrochen ferngesehen. Seine Eltern schätzten, daß sie ihn in den zurückliegenden Wochen etwa eine Stunde am Tag hatten fernsehen lassen. Ihrer Schätzung nach hatte er während der letzten Wochen etwa an jedem dritten Tag zehn Minuten lang Hausaufgaben gemacht. Wenn sie nun jedem Plus den Wert von 90 Minuten Fernsehzeit gaben, mußte er an mindestens zwei von drei Tagen ein Plus schaffen, um soviel fernsehen zu können wie zuvor, nämlich jeweils eine Stunde am Tag. Wenn er jedoch immer seine Hausaufgaben machte, durfte er 90 Minuten am Tag fernsehen, also anderthalb mal soviel wie vor Beginn des Programms.

Die Eltern kamen auf diese Werte, indem sie abschätzten, wie lange ihr Sohn jetzt fernsehen durfte und wieviel die Pluspunkte jeweils wert sein mußten, um dem Jungen für eine vollständig »abgeleistete« Aufgabenperiode noch einmal halb soviel Fernsehzeit zusätzlich einzubringen.

Lassen Sie das Kind seine Punkte einlösen, wie es will. Es sollte sie also für später aufsparen oder jeden Tag einwechseln dürfen. Geben Sie jedenfalls keine Belohnungen, wenn kein Plus erzielt wurde. Verwenden Sie nur solche Dinge als Belohnungen, die Sie ihm noch öfter zukommen lassen können und wollen als jetzt – dann nämlich, wenn das Kind regelmäßig Pluswertungen erzielt. Der Wert der Pluspunkte sollte so bemessen sein, daß das Kind mehr zur Belohnung bekommt als bei allen anderen Gelegenheiten, wenn es jeden Tag seine Hausaufgaben macht.
Ermuntern Sie ältere Schüler dazu, mögliche Methoden dafür vorzuschlagen, wie man sein Interesse und seine Motivation für die Hausaufgaben aufrechterhalten kann, und Ihnen zu sagen, ob er nicht vielleicht lieber auf einen anderen Verstärkungsmodus übergehen möchte. Wenn die eine Form der Belohnung an Reiz verliert, sollten Sie zu einer anderen greifen. Wechseln Sie das System aber nicht, solange der Schüler es nicht selbst will.

Aufzeichnung von Lerngewohnheiten

Kleben Sie folgendes in Sichtweite des Studierplatzes an die Wand oder den Schreibtisch:

1. eine Tabelle, aus der hervorgeht, wieviel ein Pluspunkt wert ist;
2. eine Notiz, die die derzeit gültige Dauer der Aufgabenperiode anzeigt;
3. eine Tabelle, an der man ablesen kann, wie viele Pluspunkte das Kind (wenn überhaupt) schon für eine besondere Vergünstigung angespart hat. Diese sollte täglich auf den neusten Stand gebracht werden.

Wie sag ich's meinem Kinde?

Vor Beginn des Programms sollten Sie Ihr Vorhaben ausführlich mit dem Kind besprechen und ihm alle Einzelheiten erläutern. Beantworten Sie ihm jederzeit alle Fragen, die es bezüglich des Programms vorbringen mag.
Seien Sie hinsichtlich der Hausaufgaben Ihres Kindes so nüchtern und sachlich wie möglich. Es kann durchaus eine Weile

dauern, bis Sie die ersten Erfolge des Programms registrieren können. Mit Ausnahme des eigentlichen Programmentwurfs (den Sie mit oder ohne Mitarbeit Ihres Kindes anfertigen können) sollten Sie alle Verantwortung dem Kind überlassen. Versuchen Sie auf keinen Fall, Druck auszuüben oder das Kind zum Hausaufgabenmachen zu zwingen. Wenn das Verfahren ausdiskutiert und beschlossen ist, sollten Sie sich nicht in Streitigkeiten über das Programm einlassen. Wenn Ihrem Kind irgend etwas an den Spielregeln und Vorschriften nicht paßt, dann erinnern Sie es ruhig und sachlich daran, daß das Ganze ja schließlich von beiden gemeinsam beschlossen worden ist. Läßt das Kind dennoch nicht locker, dann sagen Sie ihm, Sie hätten etwas Wichtigeres zu tun, und lassen Sie Ihren Sprößling stehen – und tun Sie es umgehend.
Es gibt eine Ausnahme von der soeben erläuterten Regel. Pluspunkte sollten natürlich mit entsprechendem Lob bedacht und langfristige Fortschritte gebührend anerkannt werden. Minuspunkte oder »Unentschieden«-Wertungen werden einfach nicht zur Kenntnis genommen.

Merkzettel zur Überprüfung aller Programme

Wo Sie auch immer einem Kind zu helfen versuchen, sei es in der Schule, sei es im Elternhaus, bleiben die Grundprinzipien der Verhaltensänderung doch so ziemlich gleich. Gehen Sie vor Beginn des Programms die folgende Liste durch, damit Sie sehen, ob Sie auch nichts vergessen haben.

1. Habe ich die Verhaltensweisen, die ich ändern möchte, auch klar definiert?
2. Habe ich entschieden und geregelt, wann Verhaltensbeobachtungen angestellt werden sollen?
3. Habe ich mir darüber Gedanken gemacht, wie die Informationen zusammengetragen werden sollen?
4. Habe ich die bisherigen Verhaltensweisen des Kindes aufgezeichnet, bevor ich darangehe, sie zu ändern?
5. Stimmen die Informationen?

6. Habe ich die Informationen in graphische Darstellungen umgewandelt?
7. Habe ich die bisherigen Verhaltensweisen lange genug beobachtet, um mir ein Bild über ihre Regelmäßigkeit oder Unregelmäßigkeit machen zu können?
8. Habe ich ein schriftlich ausgearbeitetes Programm für die Verhaltensänderung vorliegen?
9. Bin ich in der Lage, die Konsequenzen des Verhaltens zu steuern, wenn das Kind sich wie gewöhnlich verhält?
10. Habe ich genügend Möglichkeiten, das erwünschte Verhalten beim Kind zu belohnen oder zu verstärken?
11. Sind die Verstärkungen, die ich für erwünschte Verhaltensweisen gebe, wirklich vom Verhalten des Kindes abhängig oder etwa von meiner jeweiligen Stimmung?
12. Habe ich dafür gesorgt, daß alle Verfahrensformen des Programms auch durchführbar sind?
13. Kann ich sie selbst konsequent einhalten?
14. Habe ich dafür gesorgt, daß ich selbst gewisse Verstärkungen dafür bekomme, daß ich die Verhaltensbeobachtung und -beschreibung durchhalte und auf die Verhaltensweisen des Kindes richtig reagiere?

Anhang II: Kontroll-Listen

Muster für die Aufzeichnung, wie oft sich ein Kind in einer bestimmten Weise verhält (S. 49f.)

Woche vom . . . . Name . . . .

Zu beobachtende Handlungen:

1. . . . .
2. . . . .
3. . . . .

Datum	Montag	Bemerkungen
	1.	. . . .
	2.	. . . .
	3.	. . . .
Datum	Dienstag	Bemerkungen
	1.	. . . .
	2.	. . . .
	3.	. . . .
Datum	Mittwoch	Bemerkungen
	1.	. . . .
	2.	. . . .
	3.	. . . .
Datum	Donnerstag	Bemerkungen
	1.	. . . .
	2.	. . . .
	3.	. . . .

Datum	Freitag	Bemerkungen
	1.	. . . .
	2.	. . . .
	3.	. . . .
Datum	Samstag	Bemerkungen
	1.	. . . .
	2.	. . . .
	3.	. . . .
Datum	Sonntag	Bemerkungen
	1.	. . . .
	2.	. . . .
	3.	. . . .

Allgemeine Bemerkungen: . . . .

Muster für die Aufzeichnung kindlicher Reaktionen auf Anweisungen oder Bitten, sich in einer bestimmten Weise zu verhalten (S. 53)

Anweisungen:

1. . . . .
2. . . . .
3. . . . .
4. . . . .
5. . . . .
6. . . . .
7. . . . .
8. . . . .
9. . . . .
10. . . . .

Name . . . .

Mögliche Reaktionen:
\+ Richtig ausgeführt
/ Versucht, aber nur teilweise richtig ausgeführt
– Reagiert, aber nicht richtig
○ Nicht versucht

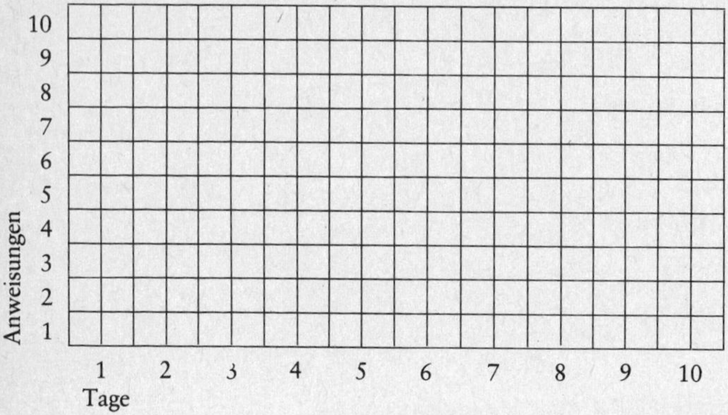

Muster für die Aufzeichnung, ob sich eine besondere Handlung in bestimmten Abständen wiederholt (S. 58)

Name . . . . Datum . . . .

Zeitraum . . . .
(z. B. 1 Minute, 5 Minuten usw.)

	Zeitraum	1	2	3	4	5	6	7	8	9	10	11	12	13	14	15
Handlungen	1															
	2															
	3															

	Zeitraum	16	17	18	19	20	21	22	23	24	25	26	27	28	29	30
Handlungen	1															
	2															
	3															

	Zeitraum	31	32	33	34	35	36	37	38	39	40	41	42	43	44	45
Handlungen	1															
	2															
	3															

Insgesamt:

Handlung 1 . . . .

Handlung 2 . . . .

Handlung 3 . . . .

Muster für eine Tabelle über die Fortschritte des Kindes (S. 60ff.)

Name . . . . Programm . . . .

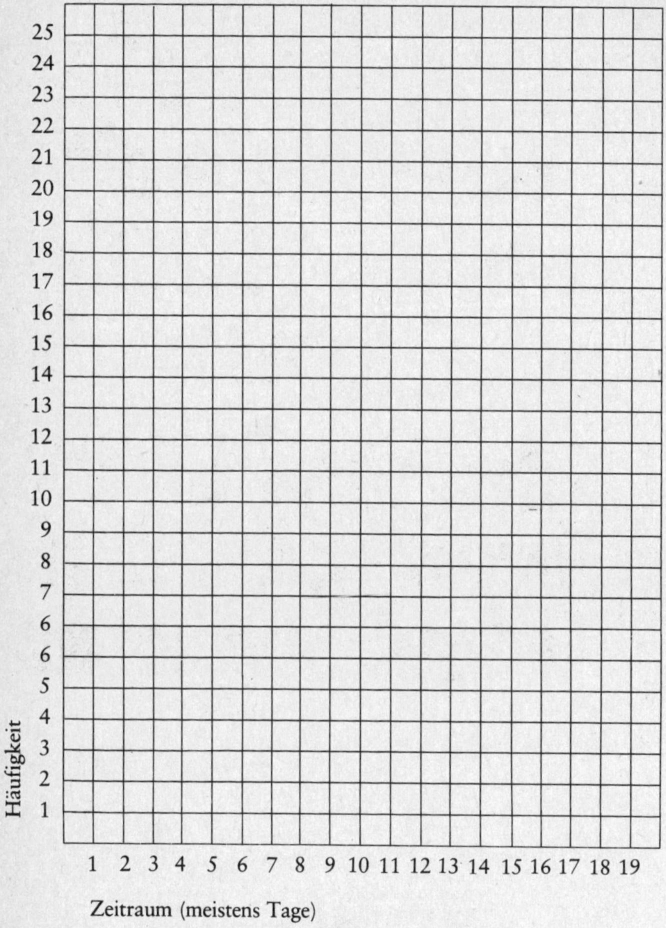